Bernd Flessner

111 Orte in der Oberpfalz, die man gesehen haben muss

111

emons:

Bibliografische Information der Deutschen Nationalbibliothek
Die Deutsche Nationalbibliothek verzeichnet diese Publikation in der Deutschen Nationalbibliografie; detaillierte bibliografische Daten sind im Internet über http://dnb.d-nb.de abrufbar.

Gestaltung: Eva Kraskes, nach einem Konzept
von Lübbeke | Naumann | Thoben
Kartografie: altancicek.design, www.altancicek.de
Kartenbasisinformationen aus Openstreetmap,
© OpenStreetMap-Mitwirkende, ODbL
Druck und Bindung: Grafisches Centrum Cuno, Calbe
Printed in Germany 2014
ISBN 978-3-95451-369-7
Originalausgabe

Vorwort

Welches Bauwerk oder welches Naturdenkmal fällt Ihnen spontan ein, wenn von der Oberpfalz die Rede ist? Bei vielen Städten und Regionen sind derartige Fragen leicht zu beantworten. Der Michel steht für Hamburg, der Dom für Köln, die Bavaria für München, Schloss Neuschwanstein für Bayern. Bei der Oberpfalz erhält man verschiedene Antworten. Der Monte Kaolino ist ebenso darunter wie die Walhalla, die Steinerne Brücke von Regensburg und der Naturpark Oberpfälzer Wald. Entscheidend ist auch, in welchem Ort in der Oberpfalz man diese Frage stellt. In Amberg ist man da durchaus anderer Meinung als in Cham oder Schwandorf. Einen gemeinsamen Nenner zu finden ist also gar nicht so leicht.

Viel leichter ist es, aus der Fülle der möglichen Angebote die interessantesten, skurrilsten oder weniger bekannten herauszusuchen. Gerade unmittelbar vor der eigenen Haustür, das haben die Recherchen gezeigt, werden interessante Orte leicht mal übersehen. Da wäre eine kleine barocke Kirche, die sich als Glashütte entpuppt. Und welches Museum hat schon zehn Millionen Exponate? Selbst das Deutsche Museum in München bekommt da ein Problem, nicht aber ein Museum in der Oberpfalz. Nicht weit entfernt wird auch einer der besten Whiskys der Welt destilliert. Nur ein Trümmerteil des World Trade Centers gelangte nach dem Anschlag vom 11. September 2001 nach Deutschland. In der Oberpfalz ist der Stahlträger Teil eines Denkmals. Wo drehte Bernhard Wicki »Die Brücke«? Wo kaufte Casanova seine Duellpistolen? Und warum fährt die Dampflok Ludwigs II. über den Dachboden eines Klosters? Warum erklingt in Cham zur Mittagszeit die Marseillaise? Wo steckt der Schuh des Teufels in der Stadtmauer? Welche Autos liebten Loriot und Jean-Paul Belmondo? Wie sieht es im Inneren eines Vulkans aus?

Antworten gibt dieses Buch, das in keiner Weise den Anspruch erhebt, vollständig zu sein. Denn leider reichte der Platz nicht für 1111, sondern nur für 111 Orte aus. Aber dennoch wünsche ich viel Spaß bei der kleinen Entdeckungsreise durch die Oberpfalz.

111 Orte

1 Das Eh'häusl

Kleinstes Hotel der Welt und Luxus-Eremitage

Bekanntlich ist Heiraten seit jeher mit Hindernissen verbunden. In Amberg etwa legte der Rat der Stadt fest, dass ein heiratswilliges Paar über Grundbesitz und ein Dach über dem Kopf verfügen muss, um die Erlaubnis zu erhalten. Von der Größe des Anwesens war jedoch in der Verfügung keine Rede.

Diese Lücke nutzte ein einfallsreicher Kaufmann 1728 geschickt aus und erwarb eine 2,5 Meter breite Lücke in der Seminargasse zwischen zwei Bürgerhäusern. Mit ein paar Mauern und einem Dach verwandelte er die Lücke in ein winziges Anwesen, das jedoch als Nachweis des erforderlichen Grundbesitzes von den Behörden akzeptiert wurde. Außerdem war es zum Spottpreis zu erwerben. Heiratswillige ohne Grundbesitz konnten das Häuschen fortan erwerben, heiraten und es anschließend wieder verkaufen. Bald wurde die überdachte Lücke nur noch »Eh'häusl«, also Ehe-Haus, genannt. Diesen Namen trägt es auch noch heute. Wie viele Paare es nutzten, ist unbekannt.

Das Eh'häusl blieb der Stadt erhalten und wurde 2008 saniert und zu einem Hotel umgebaut. Da man längst auch ohne den 1728 erfundenen Trick heiraten kann, war eine neue Nutzungsart gefragt. Allerdings setzt sich der Begriff »Hotel« dem Verdacht aus, ein klarer Euphemismus zu sein, denn es gibt weder einen Portier noch Zimmernummern. Denn das Eh'häusl bietet wie eh und je nur zwei Personen Platz. Nicht alles hat sich demnach geändert. Man bucht auch kein Zimmer, sondern das ganze Hotel, das kleiner ist als manch Zimmer im Berliner Adlon. Dennoch fehlt es an nichts. Im Gegenteil, das kleinste Hotel der Welt bietet ein Luxus-Ambiente mit stilvollen Möbeln, offenem Kamin und Whirlpool. Selbst der von berühmten Suiten her bekannte Rote Salon fehlt nicht, auch wenn bei bereits erwähnter Breite von 2,5 Metern erneut der Euphemismus-Verdacht aufkeimt. Frühstück und Tiefgarage sind im Preis inbegriffen. Mehr geht wirklich nicht.

Adresse Seminargasse 8, 92224 Amberg, www.ehehaeusl.de | **Pkw** A 6, Abfahrt Amberg West, dann die B 299 Richtung Amberg, nach rechts abbiegen auf die B 85, dann nach links auf den Malteserplatz, zweite rechts in die Seminargasse | **Öffnungszeiten** nur von außen zu besichtigen oder einfach buchen | **Tipp** An der Seminargasse liegt auch der sehenswerte Maltesergarten, der auf den Malteserorden zurückgeht.

2 Die Glasmacherkathedrale

Der letzte Gropiusbau

Der Architekt Walter Gropius (1883–1969) ist eine Ikone der Moderne. Der gebürtige Berliner wurde 1919 zum Direktor der Hochschule für Bildende Kunst in Weimar ernannt, die er in »Staatliches Bauhaus in Weimar« umbenannte. Innerhalb kurzer Zeit machte er aus dem Bauhaus eine Kaderschmiede und ein Labor der modernen Architektur. Für die Industriegesellschaft schufen er und seine Weggefährten Wohnblocks und Fabriken, vor allem in Berlin. 1934 emigrierte er nach England und drei Jahre später in die USA, um in Cambridge als Professor für Architektur zu arbeiten.

Nach dem Krieg baute er in Bagdad, in Harvard, in Athen und in Manhattan, wo das weltbekannte PanAm-Gebäude entstand. Auch in Berlin half er beim Wiederaufbau mit. Am Ende seines Lebens jedoch führte ihn der Weg in die bayerische Provinz. In Selb schuf er 1965 die Porzellanfabrik Rosenthal und in Amberg 1968 das Thomas Glaswerk, das bald den Beinamen »Glasmacherkathedrale« erhielt. Auftraggeber war auch dort die Rosenthal AG. Es wurde sein letztes Werk, dessen Fertigstellung 1970 er nicht mehr erlebte. Wer also einen Gropiusbau sehen will, braucht nicht unbedingt nach Manhattan oder zu Berlin reisen. Eine Fahrt nach Amberg reicht aus.

Schon von Weitem wird deutlich, wie sehr sich die Glasmacherkathedrale von anderen Industriebauten unterscheidet. Der futuristisch anmutende, lang gezogene Pyramidenbau fällt sofort ins Auge. Die beiden dazugehörigen Wohngebäude für die Werksangehörigen stammen ebenfalls von Gropius. Obwohl die Glashütte aus Beton und Glas besteht, ist durch die strömungsgünstige Form des Daches und Firstentlüfter für eine effektive Entlüftung gesorgt. »Der Arbeit müssen Paläste errichtet werden, die den Fabrikarbeiter (…) noch etwas spüren lassen von der Würde der gemeinsamen, großen Idee«, hatte Gropius bereits 1911 geschrieben. Die Glasmacherkathedrale ist ein solcher Palast.

Adresse Rosenthalstraße 12, 92224 Amberg | **Pkw** A 6, Ausfahrt Amberg West, dann auf die B 299 in Richtung Amberg, nach rechts abbiegen auf die B 85 bis zum Ortsende, dort rechts in »An den Franzosenäckern«, dann nach links in die Rosenthalstraße | **Öffnungszeiten** nur von außen zu besichtigen | **Tipp** Nicht weit entfernt, am Ufer der Vils, ist das Bergbau- und Industriemuseum in der Castnerstraße.

3 Das Luftmuseum

Von der Luftnummer zur Glanznummer

Die meisten Museen fokussieren Themen, die andere Museen nicht ohne Weiteres besetzen können. Die Seltenheit oder sogar Einmaligkeit der Exponate lockt die Besucher, die Unikate, Historisches oder Außergewöhnliches bestaunen wollen, in die Räume. Das Amberger Luftmuseum hingegen, das weltweit einzige seiner Art, befasst sich mit einem Thema, das auf den ersten Blick ebenso global wie banal zu sein scheint: Luft. Aber wer es betritt, wird schnell eines Besseren belehrt, denn das Museum ist alles andere als eine Luftnummer. Auf drei Stockwerken und 650 Quadratmetern zeigen Vorrichtungen, Maschinen, Kunstwerke, Installationen und Alltagsgegenstände, was Luft für uns ist, was wir mit Luft machen, was Luft mit uns macht. Vom Staubsauger bis zum fliegenden Teppich, von der Rohrpost bis zur Luftdusche, von der Äolsharfe bis zum Kompressor reichen die Exponate, von denen der Besucher viele auch persönlich ausprobieren kann.

Aus der Luft gegriffen hat die Idee der renommierte Oberpfälzer Künstler Wilhelm Koch. Er initiierte 2006 die Gründung mit Hilfe des Vereins »Luftmuseum e. V.«, dessen 1. Vorstand er ist. Koch sorgt auch dafür, dass regelmäßig Künstler in Sonderausstellungen Werke zeigen, die auf sehr unterschiedliche Weise die Luft thematisieren. Im »Fliegenden Klassenzimmer« zeigen sogenannte Luftlehrerinnen Kindern zwischen sechs und zwölf Jahren, wie man kreativ und spielerisch in die Luft gehen kann. Untergebracht ist das Luftschloss in einem an sich schon sehenswerten Gebäude aus dem 14. Jahrhundert im Zentrum der Stadt.

Ein Museum zum Luftholen, zum Luftschnappen, das nicht ohne Grund schon so manchen Kulturpreis eingeheimst hat, darunter etwa den begehrten »Museumspreis der Mittelbayerischen Zeitung« (2009). Immer wieder stellen Juroren und Besucher fest, dass es diesem Museum gelingt, Gewöhnlichem überraschend viel Ungewöhnliches und Unbekanntes abzugewinnen.

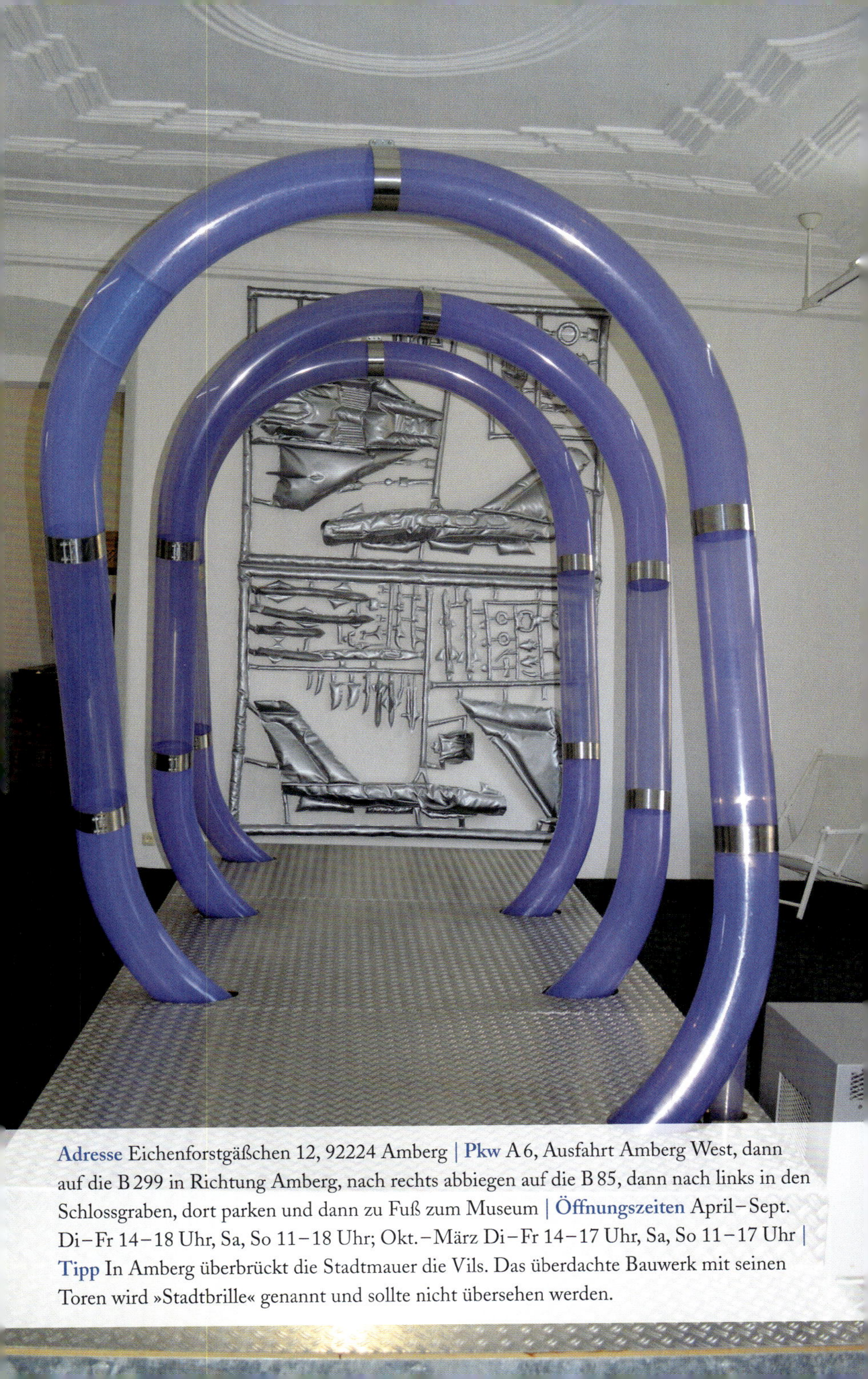

Adresse Eichenforstgäßchen 12, 92224 Amberg | **Pkw** A 6, Ausfahrt Amberg West, dann auf die B 299 in Richtung Amberg, nach rechts abbiegen auf die B 85, dann nach links in den Schlossgraben, dort parken und dann zu Fuß zum Museum | **Öffnungszeiten** April–Sept. Di–Fr 14–18 Uhr, Sa, So 11–18 Uhr; Okt.–März Di–Fr 14–17 Uhr, Sa, So 11–17 Uhr | **Tipp** In Amberg überbrückt die Stadtmauer die Vils. Das überdachte Bauwerk mit seinen Toren wird »Stadtbrille« genannt und sollte nicht übersehen werden.

4 Das Park-Theater

As time goes by

Im Jahr 2013 machten sich 13 Studenten der Georg-Simon-Ohm-Hochschule aus Nürnberg auf den Weg nach Amberg. Ihr Ziel war das unter Denkmalschutz stehende Park-Theater. Zusammen mit ihrer Dozentin Martina Dietrich, der ehemaligen Baureferentin Ambergs, sollten sie die zukünftigen Nutzungsmöglichkeiten des Gebäudes ausloten. Denn das Gebäude aus dem Jahr 1938 soll auf jeden Fall erhalten werden, passt aber nicht mehr in die Kinolandschaft des 21. Jahrhunderts. Das Publikum verlangt Multiplex und Popcorn statt Plüsch und Samtvorhängen, die die Leinwand erst kurz vor Beginn der Vorstellung freigeben. Aber das Park-Theater ist genau so ein Kino, dem Theater architektonisch noch näher als den heutigen Kinos. Der antiquierte Begriff »Filmtheater« lässt erkennen, was gemeint ist.

Dem Bau des Park-Theaters ging ein Streit voraus. Der Amberger Kinobetreiber Ferdinand Frey hatte das Gelände an der Vils erworben, um ein weiteres Kino zu bauen. Die Reichsfilmkammer und die NSDAP stimmten dem Vorhaben zu, verlangten jedoch einen Saal mit 1.000 Plätzen sowie einen Luftschutzbunker unter dem Kino. Auflagen, die Frey nicht erfüllen konnte, da ihm die finanziellen Mittel fehlten. Außerdem stand die nahe Vils einem Bunker im Weg. Schließlich entstand ein kleines Kino mit 598 Plätzen ohne Luftschutzbunker. Die NSDAP nutzte es trotzdem, wie andere Kinos auch, für ihre Propagandaveranstaltungen.

Als 1945 die Amerikaner Amberg und das Park-Theater erreichten, glaubten sie zunächst, eine Kirche vor sich zu haben. Denn die Architektur strahlt tatsächlich etwas Erhabenes aus. Aber der Irrtum war schnell aufgeklärt. Das Kino blieb vom späteren Kinosterben verschont und wurde 1979 in ein Kinocenter mit drei Sälen umgebaut. Doch jetzt hat die Zeit das eindrucksvolle Gebäude doch noch eingeholt. Aber es hat Glück und wird bleiben, auch wenn in Zukunft keine Filme mehr gezeigt werden.

Adresse Franziskanergasse 5, 92224 Amberg | **Pkw** A 6, Ausfahrt Amberg West, dann auf die B 299 in Richtung Amberg, nach rechts abbiegen auf die B 85, vor der Altstadt links auf den Kaiser-Wilhelm-Ring, hinter dem Maxplatz rechts in die Mühlgasse, die in die Franziskanergasse übergeht | **Öffnungszeiten** unter Tel. 09621/12777 erfragen | **Tipp** Ein Spaziergang am Ufer der Vils durch die sehenswerte Altstadt.

5 Das Walfischhaus

Das Haus des konvertierten Färbers

Um 1685 kam der konvertierte Jude Samuel Balthasar Hetzendorfer nach Amberg und kaufte für 650 Gulden das Färberhaus in der Löffelgasse. Noch war es nicht das Walfischhaus, hatte aber bereits den für Färberhäuser üblichen breiten Dachüberstand. Was heute erklärungsbedürftig ist, war im 17. Jahrhundert jedem Kind bekannt. Der Dachüberstand diente dazu, die langen, frisch gefärbten Stoffbahnen aufzuhängen. Aus der Nutzung des Hauses resultiert auch dessen schwarzer Putz. Hetzendorfer war ein Schwarzfärber und hätte sein Haus niemals weiß gestrichen, denn dann hätte man jede Berührung einer frisch gefärbten Stoffbahn mit der Wand sofort gesehen.

Zum Walfischhaus wurde das Färberhaus 1693, als es Hetzendorfer nach seinen Wünschen umbauen ließ. Warum er dabei den auffälligen Figurenschmuck anbringen ließ, kann nur vermutet werden. Wahrscheinlich wollte der Färber auf diese Weise seinen Übertritt zum christlichen Glauben zum Ausdruck bringen. Zwei Wale mit Fischkörpern dienen als Stütze für das überstehende Dach, während eine Nixe und ein Ritter an den Hausecken in Sprechblasen die Geschichte von Jonas und dem Wal zitieren. Entstanden ist dabei eines der eigenwilligsten Bürgerhäuser seiner Zeit.

Hetzendorfer war nicht nur als Schwarzfärber erfolgreich, dessen Leinenstoffe für den täglichen Gebrauch der einfachen Leute bestimmt waren, sondern auch als Bierbrauer. Seine Geschäfte gingen gut, er genoss großes Ansehen und wurde sogar in den Rat der Stadt aufgenommen. Als 1752 der Schwarzfärber Josef Rössler das Walfischhaus übernahm, musste er 2.850 Gulden auf den Tisch legen. Das Färberhaus war nicht zuletzt durch den Erfolg Hetzendorfers und seinen Umbau deutlich im Preis gestiegen.

Auch spätere Eigentümer haben das Haus in Ehren gehalten, sodass es samt ausladendem Dach, schwarzem Putz und Figurenwerk noch immer bewundert werden kann.

Adresse Löffelgasse 2, 92224 Amberg | **Pkw** A 6, Ausfahrt Amberg West, dann auf die B 299 in Richtung Amberg, nach rechts abbiegen auf die B 85 bis zum Kreisverkehr (Regensburger Straße), in die Ziegelgasse, dann links in die Kasernstraße und gleich wieder rechts in die Löffelgasse | **Öffnungszeiten** nur von außen zu besichtigen | **Tipp** In der Gasse liegen noch weitere interessante Häuser: eine ehemalige Bäckerei, Löffelgasse 4, ein Walmdachbau aus dem 16. Jahrhundert, und eine ehemalige Metzgerei, Löffelgasse 3, ein Satteldachbau aus dem 17. Jahrhundert.

6 Der Auerochs

Namensgeber, Streit- und Kunstobjekt

Jeder, der über den Marktplatz von Auerbach spaziert, stößt unweigerlich auf den lebensgroßen Auerochsen, den der Künstler Dominik Dengl 2007 geschaffen hat. Nicht wenigen Besuchern fällt sofort der Vergleich mit einer kompatiblen Plastik ein, nämlich dem etwas größeren »Charging Bull«, der im Bowling Green Park in der Nähe der Wall Street steht und den Optimismus der Börsianer zum Ausdruck bringen soll. Geschaffen hat die Bronzestatue Arturo Di Modica 1989. Der Vergleich ist nicht schlecht gewählt, denn auch der Auerochse steht für den Optimismus des kleinen Städtchens. Lediglich der enorme Bekanntheitsgrad des New Yorker Bullen fehlt.

Dafür wurde Auerbach bereits 1314 von Ludwig dem Bayer zur Stadt ernannt, also gleich mehrere Jahrhunderte bevor New York überhaupt gegründet wurde. Im Mittelalter waren Auerochsen in Europa noch weit verbreitet. Diese in der ersten Hälfte des 17. Jahrhunderts ausgestorbene Tierart bildete die Urform unserer heutigen Rinder.

Auerbach verdankt den Auerochsen zudem seinen Namen. Auch im Wappen taucht das Tier 1409 auf. Lange Zeit identifizierten sich die Auerbacher mit ihrem Wappentier, bis 1819 ein Bürgermeister den schwarzen Auerochsen wie seine zoologischen Vorbilder aussterben lassen wollte. Ein neues, belangloses Wappen wurde entworfen und bis 1964 beibehalten. Dann besannen sich die Stadtväter eines Besseren und ließen den Auerochsen zurückkehren.

Und nicht nur er kehrte zurück, sondern auch die Rinder selbst. Bereits in den 1930er Jahren war den Brüdern Lutz und Heinz Heck eine Rückzüchtung gelungen. Dieses dem Auerochsen sehr ähnliche Heckrind weidet seit Juni 2000 im Naturschutzgebiet Grubenfelder Leonie bei Auerbach, das 1995 auf einem ehemaligen Minengelände eingerichtet wurde. Der Auerochs und die Heckrinder ergänzen sich und komplettieren die uralte Identität des Städtchens. Beide sind einen Besuch wert.

Adresse Unterer Markt, 91275 Auerbach | **Pkw** A 9, Ausfahrt Pegnitz, dann auf die B 85, beim Ortseingang links in die Michelfelderstraße einbiegen und bis zum Marktplatz fahren | **Tipp** Am Unteren Markt/Oberen Markt steht auch das Rathaus mit sehenswertem Sitzungssaal.

7 Der Keller des Dr. Stromer

Wie der berühmteste deutsche Keller zu seinem Namen kam

Auerbachs Keller ist selbst jenen ein Begriff, die »Faust I« von Johann Wolfgang von Goethe (1749–1832) nicht ganz so gut kennen. Goethe aber kannte dafür den Keller in Leipzig umso besser, denn er hat dort von 1765 bis 1768 Jura und vieles andere studiert. Seine Abende hat er nicht selten in dem berühmten Keller verbracht, einem angesagten Studentenlokal. Später hat er dieser Zeit ein literarisches Denkmal gesetzt, indem er Faust und Mephistopheles den Keller aufsuchen lässt. »Ich muss dich nun vor allen Dingen in lustige Gesellschaft bringen«, rechtfertigt Mephisto den Besuch. Wie aber kam der Keller in Leipzig zu seinem Namen, der bekanntlich der einer Stadt ist?

In Auerbach sucht man dagegen vergeblich nach Auerbachs Keller. Die Spuren seiner Herkunft finden sich aber gleich an mehreren Stellen. In der Nähe des Marktplatzes befindet sich etwa eine Gedenktafel an einem der Bürgerhäuser und weist auf Dr. Heinrich Stromer hin, der 1476 in Auerbach geboren wurde. Wie Goethe hat auch er in Leipzig studiert und schließlich sogar promoviert. 1508 wurde er Rektor der Universität und 1523 Dekan der medizinischen Fakultät. Von seinen Studenten und manchem Kollegen wurde er, aufgrund seiner Herkunft, Dr. Auerbach genannt. Nachdem er eine der reichsten Frauen der Stadt geheiratet hatte, baute er einen entsprechend großen Handelshof, der Auerbachs Hof genannt wurde. Und der Keller dieses Hofes erhielt konsequenterweise den Namen Auerbachs Keller, der bald so gut besucht war, dass hier ein Drittel des Weins der Stadt ausgeschenkt wurde.

Stromer ist nicht nur der Namensgeber, sondern auch der Erbauer von Auerbachs Keller. Die Gedenktafel wiederum schmückt sein Geburtshaus, das 2014 saniert wurde. Nicht weit entfernt vor dem Rathaus steht ein Denkmal, das an den berühmten Sohn der Stadt erinnert. Aber auch sonst begegnet man Dr. Stromer in Auerbach.

Adresse Dr.-Heinrich-Stromer-Straße 1, 91275 Auerbach | Pkw A 9, Ausfahrt Pegnitz, dann auf die B 85, beim Ortseingang links in die Michelfelderstraße einbiegen und bis zum Marktplatz der Straße folgen bis zur Dr.-Heinrich-Stromer-Straße | Öffnungszeiten nur von außen zu besichtigen | Tipp In der Gasse »Am Schwedenturm« befindet sich der Schwedenturm, ein Überbleibsel der alten Stadtbefestigung.

8 Der Rabenfels

Kult seit über 3.000 Jahren

Wer im Bürgerwald bei Auerbach wandert und unvermittelt auf den Rabenfels trifft, dem kann durchaus der Mund offen stehen bleiben. Denn den Felsturm mit seiner ungewöhnlichen Form umgibt eine schwer zu beschreibende Aura. Fast spürt man, dass er schon vor mehr als 3.000 Jahren die Menschen in seinen Bann geschlagen hat. Das Bayerische Landesamt für Umwelt gibt die Höhe des Geotops mit 30 Metern an, ein Hinweisschild in unmittelbarer Nähe bietet 37 Meter, während ein Wanderführer von fast 40 Metern spricht. Die exakte Höhe ist also nicht leicht zu ermitteln, spielt aber angesichts des Standortes und der Form keine große Rolle. Mit etwas Phantasie wird der Felsturm sogar seinem Namen gerecht. Die Deckplatte, die wie aufgesetzt wirkt, ähnelt entfernt Kopf und Schnabel eines Raben.

Schon taucht die nächste Frage auf, die jeder Wanderer unwillkürlich stellt. Wie ist die Deckplatte auf den Felsturm geraten? Das ist eine lange Geschichte, eine sehr lange sogar, denn sie nahm ihren Anfang vor vielen Millionen Jahren. Der Oberpfälzer Jura war ein Meer, dessen Sedimente den Sockel des Rabenfelsens bilden. Die Deckplatte entstand aus einem Algenriff. Im Laufe der Zeit erodierten die Sedimente und das Riff auf unterschiedliche Weise und lösten sich voneinander.

Am Fuß des Felsturms stießen Archäologen auf Scherben von Gefäßen, die aus der Bronzezeit (2200–800 v. Chr.) stammen. Weitere Spuren lassen den Schluss zu, dass die Menschen jener Epoche den Rabenfels als Heiligtum verehrten oder ihn als Opferstätte nutzten. Auch keltische Spuren lassen sich nachweisen. Der Rabenfels hat also schon immer fasziniert. Heute sind es Kletterer, die den markanten Felsturm aufsuchen, die senkrechten Wände überwinden, um auf der Deckplatte zu stehen. Der Blick von oben muss phantastisch sein. Aber auch der Blick von unten ist in jedem Fall einen Besuch wert.

Adresse im Bürgerwald bei Krottensee | Pkw A 9, Ausfahrt Pegnitz, dann auf die B 85 bis Auerbach, hinter dem Kleinen Stadtweiher rechts in die Neuhauser Straße bis nach Neuhaus und Krottensee, zu Fuß in den Bürgerwald und den Hinweisschildern folgen oder nach dem Weg fragen | Tipp In Neuhaus befindet sich die sehenswerte Burg Veldenstein.

9 Die Galerie im Woferlhof

Es muss nicht immer die Großstadt sein

»Von wem Kunst betrachtet wird, von welchen jungen Leuten und von welchen Besuchern, das ist doch ganz egal. Jeder Mensch ist doch gleich in seiner Position«, hat der legendäre Münchner Galerist Otto van der Loo einmal erklärt. Somit ist es auch gleich, wo sich eine Galerie befindet. Zeitgenössische Kunst ist keineswegs ein ausschließlich urbanes Phänomen, sondern kann durchaus auch im ländlichen Raum Besucher anziehen. Ein gutes Beispiel ist die Galerie im Woferlhof.

Ort der Begegnung ist ein ebenso alter wie stattlicher Bauernhof, den der Kunstliebhaber und Sammler Achim Lerche 1990 in eine Galerie umgewandelt hat. Nicht etwa, um ländliches Kunsthandwerk zu präsentieren, sondern um aktuelle Werke namhafter Künstler zu zeigen. Die Bandbreite reicht von der Grafik über die Malerei bis zur Plastik. Die Galerie profitiert dabei immer wieder von dem scheinbaren Gegensatz zwischen der bäuerlichen Holzbauweise und den modernen Materialien und Techniken. Zu den Künstlern, die Lerche, Jahrgang 1934, liebevoll »meine Künstler« nennt, gehören etwa Irene Fastner, Karl Imhof, Manfred Hollmann, Jürgen Reipka, Renate Höning, Andreas und Thomas Bindl und viele andere. Selbstverständlich dürfen auch Künstler wie Helmut Sturm von der Künstlergruppe SPUR nicht fehlen, die ihre Spuren überall in der Oberpfalz hinterlassen hat.

Die Galerie ist ganzjährig geöffnet, verfügt jedoch in den Sommermonaten zusätzlich über die sogenannte »Große Scheune«, die im Winter nicht beheizt werden kann. Das historische Gebäude unterstreicht noch deutlicher als die Räume der Galerie den bereits erwähnten Gegensatz zwischen bäuerlicher Kultur und den ausgestellten Kunstwerken. Ein derartiges Ambiente findet sich in keiner städtischen Galerie und ist wirklich einmalig. Lerche kümmert sich übrigens nicht nur um seine Galerie, sondern steht auch anderen Kuratoren und Museen mit Rat und Tat zur Seite.

Adresse Wettzeller Straße 207, 93444 Bad Kötzting | Pkw A 93, Ausfahrt Schwandorf Mitte, dann auf die B 85 Richtung Cham, an Cham vorbei, links nach Bad Kötzting abbiegen und links halten in die Wettzeller Straße | Öffnungszeiten Do und So 10–16 Uhr | Tipp Sollte das nötige Geld für den Kauf eines plötzlich entdeckten Lieblingsbildes fehlen, könnte die Spielbank von Bad Kötzting eine Lösung sein.

10 Das Deutsche Knopfmuseum

Zehn Millionen Knöpfe

Als der Handwerker Johann Müller 1895 die erste Knopfmanufaktur eröffnete, trafen immer mehr Kisten in Bärnau ein, die einen eher seltenen Rohstoff enthielten: Muschelschalen und Schneckengehäuse. Denn aus ihnen fertigten die Mitarbeiter Müllers die damals begehrten Perlmuttknöpfe an. Der Erfolg des Unternehmens führte zur Gründung weiterer 31 Betriebe, die Bärnau zu einem Zentrum der Knopfherstellung machten. Ganze Wagenladungen mit exotischen Muscheln waren erforderlich, um die Nachfrage zu befriedigen. Die industrielle Massenproduktion von Knöpfen und die Verwendung billiger Kunststoffe leiteten schließlich den Niedergang der Knopfherstellung in Bärnau ein.

Die Geschichte der Bärnauer Knöpfe ging nicht verloren, sondern kann im Deutschen Knopfmuseum verfolgt werden. Mit seinen rund zehn Millionen Knöpfen stellt das kleine Museum zudem jedes andere Museum in den Schatten, was die Zahl der Exponate betrifft. Seit 1998 befindet sich das 1975 gegründete Museum im alten Kommunbrauhaus, das eigens aufwendig renoviert wurde. Zu sehen sind nicht nur Knöpfe aus vier verschiedenen Epochen und 26 Materialien, sondern auch ein kompletter Produktionsbetrieb. Jeder Schritt, von der Auswahl der Muschel über das Aussägen des Rohlings bis zum Polieren, kann hier nachvollzogen werden.

Andere Räume zeigen die soziale und kulturelle Bedeutung des Knopfes, der weitaus mehr ist als der simple Verschluss von Kleidungsstücken. Knöpfe sind Statussymbole und Designobjekte, Schmuckstücke und Teil unserer Identität. Anhand ausgewählter Trachten und Uniformen erfährt der Besucher, was ein einzelner Knopf zu vermitteln vermag. Absolutes Glanzstück ist das sogenannte Knopfpaar, zwei extravagante Abendroben, besetzt mit 18.500 Knöpfen. Mehr geht nicht.

Adresse Tachauer Straße 2, 95671 Bärnau | **Pkw** A 93, Ausfahrt Mitterteich-Süd, dann auf die B 299 bis Mitterteich, nach rechts auf die B 15, hinter Tirschenreuth auf die Bernauerstraße wechseln, die in Bernau zur Bahnhofstraße, zur Philipp-Mühlmayer-Straße und schließlich zur Tachauer Straße wird | **Öffnungszeiten** 1. April – 31. Okt. Do – So 13 – 17 Uhr | **Tipp** Der Geschichtspark Bärnau-Tachov liegt nur 500 Meter vom Museum entfernt und ist immer einen Besuch wert.

11 Die Stadtmauer

Dreizehn Türme und das ewige Mittelalter

Reste von Stadtmauern und Stadtbefestigungen findet man in vielen Städten. Einige, wie etwa Nürnberg, sind sogar berühmt für ihre Befestigungsanlagen. Aber nur in wenigen Städten ist die Stadtmauer derart gut und vollständig erhalten wie in Berching. Ohnehin wirkt das 8.500-Einwohner-Städtchen wie aus der Zeit gefallen. Das Mittelalter, so scheint es zumindest, hat sich hier ein Refugium geschaffen und vor den nachfolgenden Epochen in Sicherheit gebracht. Aber nicht in Gestalt jener Künstlichkeit und Kulissenhaftigkeit, wie sie in Rothenburg ob der Tauber anzutreffen ist, sondern viel authentischer.

Eindrucksvoller Beleg ist die Stadtmauer mit ihren vier Toren und dreizehn Türmen, die ab 1465 errichtet wurden. Und wie es sich für eine Anlage dieser Art gehört, tragen alle Türme und Tore angemessene Namen, wie Pulverturm, Frauenturm, Badturm, Bildhauerturm oder Amtsknechtsturm. Um die gesamte Mauer führt ein 1.400 Meter langer Fußweg, den kein Besucher versäumen sollte, denn er vermittelt den Anblick, den mögliche Eroberer gehabt haben, als sie sich der Stadt näherten. Natürlich ist auch die entgegengesetzte Perspektive zu empfehlen, denn vom Mittleren Tor kann man auf dem Wehrgang bis zum Pulverturm gehen und sich nun den imaginären Feind vorstellen.

Man kann aber auch den Pulverturm besteigen oder sich dort eine der Ausstellungen der Kunstgilde ansehen. Innerhalb der Stadtmauer liegen zahlreiche Bürger- und Speicherhäuser, von denen das Pettenkoferhaus am Pettenkoferplatz das auffälligste ist. Das mächtige rote Gebäude wurde 1689 als Weinwirtschaft errichtet. Unmittelbar vor der Stadtmauer befindet sich die Stampfermühle von 1628, die das Wasser der Sulze nutzte und heute ein Restaurant beherbergt. Wer die Stadtmauer ganz umrundet, findet weitere gepflegte Häuser und Plätze, die zu einer Zeitreise einladen. Lediglich parkende Autos stören das Mittelalter.

Adresse 92334 Berching | **Pkw** A 9, Ausfahrt Hilpoltstein, dann in Richtung Berching, in Berching nach links in die Bahnhofstraße und rechts über die Johannisbrücke in die Altstadt | **Tipp** In Plankstetten, einem Ortsteil von Berching, kann man das Kloster Plankstetten besuchen, eine Benediktinerabtei.

12 Das Geburtshaus von Christoph Willibald Gluck

Gluck gehabt!

Im Jahr 2014 feierte Berching den 300. Geburtstag des berühmtesten Sohnes der kleinen Stadt am Ludwig-Donau-Main-Kanal. Am 17. Juli 1714 wurde Christoph Willibald Gluck in Berching geboren. Viel ist über seine Eltern nicht bekannt, am wenigsten über seine Mutter. Sein Vater war Forstbeamter, doch dessen Beruf wollte der musikbegeisterte Christoph nicht ergreifen (obwohl vom Vater dazu bestimmt) und verließ rechtzeitig sein Elternhaus. Der Rest ist Geschichte. In Mailand ließ sich Gluck zum Komponisten ausbilden und feierte bald einen Erfolg nach dem anderen. Nebenbei reformierte er die italienische Oper und wies nachfolgenden Komponisten den Weg. In Wien und Paris avancierte er zum Starkomponisten, zu dessen Schülern auch Marie Antoinette zählte.

In Berching kann man Glucks Leben in einem kleinen Museum zwischen Johannisbrücke und Stadtmauer sowie auf einem eigens eingerichteten Wanderweg Revue passieren lassen. Sein Geburtshaus liegt jedoch nicht in Berching selbst, sondern in Erasbach, etwa sechs Kilometer von der Stadt entfernt. Lange war dieses Haus gar nicht bekannt, weshalb man 1871 im benachbarten Weidenwang eine Bronzebüste zu Ehren des Komponisten aufstellte. Dort aber wurde Gluck, das erste von neun Kindern, lediglich getauft. Erst später stellte sich der Irrtum heraus, auch wenn sich die Forschung noch immer nicht ganz einig ist. Das offizielle Geburtshaus befindet sich jedenfalls in einem ausgezeichneten, aber nicht mehr originalen Zustand.

Ob Weidenwang oder Erasbach, beide Dörfer lassen auch heute noch die Abgeschiedenheit erkennen, in der Gluck das Licht der Welt erblickte. Auch die späteren Wohnorte der Familie in Böhmen waren den Metropolen der damaligen Zeit nicht näher. Gluck hatte tatsächlich keine Wahl. Er musste sich dem »Förster-Dasein«, wie er es nannte, durch Flucht entziehen, um die Opernwelt erobern zu können.

Adresse Geburtshaus: Ringstraße 7, 92334 Berching-Erasbach; Museum: An der Johannesbrücke 2, 92334 Berching | **Pkw** A 9, Ausfahrt Hilpoltstein, dann in Richtung Berching | **Öffnungszeiten** Geburtshaus nur von außen, Museum: 1. Mai – 30. Sept. Di – Fr 13.30 – 16.30 Uhr, Sa, So 10 – 12 Uhr; in den Wintermonaten nach Anmeldung | **Tipp** In Weidenwang gibt es das alternative Geburtshaus zu bewundern.

13 Die Burgruine Lichtenegg

Der Panoramablick

Die Oberpfalz ist das Land der Burgen und Schlösser. Über 600, die Ruinen mitgezählt, finden sich auf den entsprechenden Listen und Karten. Einige sind als Prachtbauten erhalten geblieben, andere sind zu einem unscheinbaren Hügel im Wald geschrumpft, der nur Ortskundigen oder Historikern bekannt ist. Frei zugänglich sind ohnehin bei Weitem nicht alle, einmal abgesehen von der Eigenschaft, überhaupt als Ziel in Frage zu kommen. Unter der Vielzahl von Ruinen übt die Burg Lichtenegg einen besonderen Reiz aus. Noch dazu ist sie frei zugänglich und leicht zu erreichen.

Die Burg selbst ist voller Geheimnisse. Ist die Geschichte anderer Burgen und Schlösser umfassend erforscht und bekannt, liegt die der Burg Lichtenegg nach wie vor »im Dunkeln verborgen«, wie es der Historiker Robert Giersch treffend formuliert hat. Sogar die Entstehungszeit kann nur geschätzt werden. Wahrscheinlich wurde die Burg im frühen 13. Jahrhundert errichtet, um die Region nach Osten hin zu sichern.

Nach zahlreichen Besitzerwechseln wurde die stattliche Anlage um 1430 während des Hussitenkrieges zerstört, aber wieder aufgebaut. Ihr Ende verdankt die Burg jedoch einem verheerenden Brand um 1575. Zwar gab es Versuche, sie wiederherstellen, aber letztendlich verfiel sie von nun an.

Die Ruine befindet sich seit 1998 im Besitz der Gemeinde Birgland, die mit öffentlichen Mitteln und privaten Spenden die bauliche Substanz gesichert hat. Zugangswege wurden angelegt, sodass der Besucher die Höhenburg gut erreichen kann, die über dem Dorf Lichtenegg thront. Außerdem wurde der starke Bewuchs entfernt und der Burgberg nach ökologischen Kriterien so gestaltet, dass er dem ursprünglichen Zustand entspricht. Vereinzelte Bäume, Silberdisteln und Wacholderbüsche sorgen für eine Aura, die nur wenige Ruinen zu bieten haben. Von den Resten des Burgfrieds hat man einen ungetrübten 360-Grad-Panoramablick.

Adresse 92262 Birgland-Lichtenegg | **Pkw** A 6, Ausfahrt Sulzbach-Rosenberg, dann links abbiegen in Richtung Illschwang, dort Richtung Lichtenegg | **Tipp** Nicht weit entfernt ist das Schottental bei Heldmannsberg, wo sich das Wandern lohnt.

14 Der Orchideenweg

Nur für wirkliche Naturfreunde

Zwischen Lichtenegg und Ammerried führt ein Wanderweg durch den Wald. Nichts Besonderes, könnte man meinen, denn Wanderwege dieser Art gibt es viele. Auf den zweiten Blick aber, der jedoch nur im Sommer sinnvoll ist, sieht man, warum dieser Weg ganz anders ist als andere. Während üblicherweise Fichten, Farne und Blaubeeren den Weg säumen, sieht man hier Frauenschuh, Fliegenragwurz, Grünliche Waldhyazinthe und andere Orchideen. Auch das Rote Waldvögelein, das Blasse Knabenkraut und Müllers Stendelwurz fehlen nicht. Über 30 Orchideenarten sind rund um Lichtenegg nachgewiesen.

Doch Vorsicht. Diese einmalige Konzentration so vieler Orchideenarten, die übrigens nicht angepflanzt wurden, birgt große Gefahren. So gerne es Naturschützer, Förster und Lichtenegger sehen, dass sich Menschen für diese einmalige Orchideenvielfalt interessieren, so negativ bewerten sie zu Recht Frevler mit anderen Interessen. Dabei erfolgen Eingriffe keineswegs immer absichtlich. Allein das Betreten der Standorte hat gravierende Folgen, denn jeder Tritt führt zu einer weiteren Verdichtung des Waldbodens und erschwert das Wachstum der empfindlichen Orchideen. Die Häufigkeit, denn hier findet man ganze Lichtungen voller Blüten, verleitet dazu, sich inmitten der Orchideen fotografieren zu lassen. Aber auch das ist ein Eingriff, an den ein wahrer Naturfreund niemals auch nur denken würde.

Genug der Warnung. Der Orchideenweg beginnt in Lichtenegg und führt auf einem Rundkurs über etwa sechs Kilometer an verschiedenen Standorten vorbei wieder zurück zum Ausgangspunkt. Festes Schuhwerk ist selbstverständlich. Außerdem empfiehlt es sich, einen Orchideenführer dabeizuhaben, um die einzelnen Arten auch bestimmen zu können. Und Fotografieren kann man auch aus der Entfernung. Wer diese Ratschläge berücksichtigt, wird mit einer einmaligen Blütenpracht belohnt. Sofern er im Frühsommer kommt.

Adresse 92262 Birgland-Lichtenegg | Pkw A 6, Ausfahrt Sulzbach-Rosenberg, dann links abbiegen in Richtung Illschwang, dort Richtung Lichtenegg | Öffnungszeiten immer, Mai, Juni, Juli und Aug. sind die besten Monate | Tipp Parallel zum Orchideenweg verläuft ein Wanderweg durch den Zauberwald.

15 Die Wiese des friedlichen Widerstands

Gegen den WAAhnsinn

Es war bereits das fünfte Anti-WAAhnsinns-Festival auf dem Lanzenanger in Burglengenfeld. Bislang waren immer nur ein paar tausend Menschen erschienen, um mit Hilfe der Rockmusik gegen den Bau der geplanten Wiederaufbereitungsanlage zu protestieren. 1986 aber war alles anders, denn die Havarie des vierten Reaktorblocks in Tschernobyl am 26. April hatte die Welt verändert und den Gegnern der Atomenergie einen ungeahnten Zulauf beschert. Selbst viele Befürworter wechselten nach der Katastrophe die Seiten.

Die Initiatoren der Festivals, im Kern waren dies die Mitglieder des autonomen Jugendhauses von Burglengenfeld, wollten sich diese Gelegenheit nicht entgehen lassen. Statt der lokalen Größen sollten bundesweit bekannte Rockstars auftreten und 30.000 oder sogar 40.000 Menschen anlocken. Der Stadtrat stimmte schließlich für das Vorhaben, und der Bayerische Verwaltungsgerichtshof gab grünes Licht. Als es auch noch gelang, Herbert Grönemeyer, Wolfgang Niedecken, Udo Lindenberg, Rio Reiser, Anne Haigis und viele weitere Stars der deutschen Rockszene zu verpflichten, war schon im Vorfeld klar, dass es kein gewöhnliches Festival werden würde.

Der Staat war vorbereitet und schickte 6.000 Polizisten, denn das bayerische Innenministerium befürchtete Gewaltaktionen von »Chaoten«. Doch das Chaos blieb aus und die 100.000 Kernkraftgegner und Rockfans friedlich. Das politische Event wurde zum größten Festival dieser Art in Deutschland und sorgte für ein riesiges Medienecho, und das weltweit. Mehr als 600 Journalisten waren angereist. Noch heute sind die Besucher von damals, darunter natürlich auch viele Burglengenfelder, stolz, dabei gewesen zu sein. Mit leuchtenden Augen weisen Passanten im richtigen Alter jedem Interessierten den Weg zum Gedenkstein am Lanzenanger, der später errichtet wurde. Ganz im Gegensatz zur geplanten Wiederaufbereitungsanlage.

Adresse Kellergasse, 93133 Burglengenfeld | **Pkw** A 93, Ausfahrt Ponholz, dann auf der B 15 Richtung Burglengenfeld, dort rechts in den Kreuzberg fahren und der Straße bis zur Kellergasse folgen, der Gedenkstein steht auf der rechten Seite | **Tipp** Die berühmte Burg von Burglengenfeld, die nicht zu übersehen ist.

16 Das Biertor

Das letzte der Chamer Stadttore

Einst war Cham von einer mächtigen Verteidigungsanlage mit vier Stadttoren umgeben. Die war auch dringend erforderlich, denn im Laufe der Geschichte hatten es unterschiedliche Feinde und Besatzer immer wieder auf die Stadt am Regen abgesehen. Vor allem während des Dreißigjährigen Krieges mussten die Bürger leiden. Gleich fünf verschiedene Heere besetzten nacheinander die Stadt und bedienten sich. Im Österreichischen Erbfolgekrieg eroberte der für seine Gräueltaten bekannte Franz Freiherr von der Trenck mit seinen Panduren 1742 die Stadt, plünderte sie und brannte sie nieder. Fast alle historischen Gebäude gingen verloren.

Das Burgtor aber, erbaut um 1430, überstand alle Angriffe und Brände wie durch ein Wunder. In fast schon regelmäßigen Abständen musste die Stadt wiederaufgebaut werden, nicht aber das Tor. Es überstand auch den Verlust der Burg Cham, die ihm seinen ursprünglichen Namen verliehen hatte. Nach dem Abriss nahm ab 1642 eine kurfürstliche Brauerei ihren Platz ein. Statt zu exerzieren, wurde nun Weißbier gebraut. Und da das Tor nun nicht länger den Zugang zur Burg sicherte, sondern gewissermaßen den Zugang zum Bier, tauften es die Chamer in Biertor um. Diesen Namen trägt es noch immer, obwohl in seiner Nähe kein Bier mehr gebraut wird. Die Figur auf der Brücke am gegenüberliegenden Ufer ist der heilige Nepomuk, der als Schutzpatron der Brücken, Schiffer und Flößer gilt.

Das Biertor hat längst eine andere Aufgabe. Dank seines Durchhaltevermögens ist es zu einer Art Identitätssymbol der Stadt geworden. Das Gebäude mit dem Walmdach in der Mitte und den beiden Rundtürmen, die Kegeldächer tragen, steht für Beharrlichkeit und Kontinuität. 2014 machte es das »beTRIEBS-Theater« der Kunstschule sogar zur leibhaftigen, auf zwei Beinen laufenden Bühnenfigur. Keine Frage also, wer dem Biertor keinen Besuch abgestattet hat, war nicht in Cham.

Adresse Schützenstraße/Klosterstraße, 93413 Cham | Pkw A 3, Ausfahrt Straubing, dann in Richtung Cham auf der B 20, in Cham den Regen überqueren und anschließend links in die Untere Regenstraße bis zur Kreuzung Schützenstraße fahren | Öffnungszeiten nur von außen zu besichtigen | Tipp Nur wenige Kilometer entfernt in Chammünster steht der Ödenturm, Teil einer mächtigen Burganlage.

17 »Die Brücke«

Am Drehort eines Klassikers

Kaum war der Roman »Die Brücke« von Manfred Gregor (eigentlich Gregor Dorfmeister) erschienen, beschloss der Regisseur Bernhard Wicki, ihn zu verfilmen. Sein erster Weg führte ihn nach Bad Tölz, denn dort spielt die autobiografisch geprägte Handlung des Romans. Doch schnell wurde Wicki klar, dass sich der oberbayerische Ort nicht als Drehort eignet. Also sandte er Locationscouts aus, um eine Alternative zu finden. Die Wahl fiel schließlich auf Cham und die Florian-Geyer-Brücke über den Regen. Die Häuserzeile am Ufer wurde zur unvergesslichen Kulisse umgestaltet. Die Bäume mussten entlaubt werden, da die Handlung im April spielt. Nicht alle Chamer Bürger waren mit dem Treiben der Filmleute einverstanden, gaben aber schließlich nach. Heute sind sie stolz, dass ihre Stadt Teil der Filmgeschichte ist.

Zwar musste die Florian-Geyer-Brücke 1991 abgerissen und durch einen Neubau ersetzt werden, ansonsten aber hat sich wenig verändert. Wer die Brücke betritt, fühlt sich umgehend in den Film versetzt, steht unvermittelt neben Volker Lechtenbrink, Fritz Wepper und Michael Hinz. Ein Déjà-vu, wie es nur wenige ehemalige Drehorte hervorrufen können. Ein an der Brücke angebrachter Filmstreifen aus Metall zeigt bedeutende Einstellungen des Films. Ins Auge fällt auch sofort das ehemalige Armenhaus der Stadt, das im Film ebenfalls von großer Bedeutung ist. Seit 1991 beherbergt es das Museum SPUR und zeigt Werke dieser Künstlergruppe. Im Erdgeschoss stößt man auf ganz andere Spuren, nämlich die der Dreharbeiten von 1959. Vorwiegend Privatfotos lassen erkennen, wie groß der Aufwand damals war, wie intensiv Bernhard Wicki um sein Projekt gekämpft hat.

Nicht nur für Cineasten ist es ein Vergnügen, auf der »Brücke« zu stehen und den Blick über die kaum veränderte Kulisse schweifen zu lassen. Eine Kulisse, deren Filmbilder um die Welt gingen und immer noch gehen.

Adresse Schützenstraße 7, 91413 Cham | Pkw A3, Ausfahrt Straubing, dann in Richtung Cham auf der B20, in Cham den Regen überqueren und anschließend links in die Untere Regenstraße bis zur Kreuzung Schützenstraße fahren | Tipp Die barocke Stadtpfarrkirche St. Jakob mit ihrer Innenausstattung und ihren Fresken ist einen Besuch wert.

18 Die Marseillaise

Die Hymne für den Oberpfälzer Franzosen

Wer sich um fünf Minuten nach zwölf Uhr auf dem Marktplatz von Cham aufhält, wird mit einem Glockenspiel bedacht. An sich nichts Ungewöhnliches, denn Glockenspiele sind in vielen Städten zu hören. In Cham jedoch erklingt die Marseillaise, also die französische Nationalhymne. Während die Einheimischen natürlich Bescheid wissen, sieht man in vielen Gesichtern von Besuchern aus aller Welt große Fragezeichen.

Ist Cham besonders frankophil oder sogar eine Exklave Frankreichs? Weit gefehlt, denn die Marseillaise erklingt in Cham gar nicht für unser Nachbarland, sondern für einen berühmten Sohn der Stadt.

Johann Nikolaus Graf Luckner (1722–1794), Urgroßvater des als Seeteufel bekannten Felix Graf von Luckner (1881–1966), war ein verwegener Offizier, der schon mit 23 Jahren zum Hauptmann ernannt wurde. In verschiedenen Kriegen in verschiedenen Diensten errang er einen Sieg nach dem anderen und wurde so zur Legende. Nach der Französischen Revolution trat er als Marschall in französische Dienste und führte als 70-Jähriger die Rheinarmee erfolgreich gegen die Österreicher. Ihm zu Ehren komponierte der Franzose Claude Rouget des Lisle am 25. und 26. April 1792 das Lied »Chant de guerre poor l'armée du Rhin«. Drei Jahre später wurde die Komposition zur Marseillaise und Nationalhymne.

Graf Luckner trifft man auf dem Marktplatz von Cham. Er ist eine der Figuren des 1995 von Joseph Michael Neustifter geschaffenen Marseillaise-Brunnens. Die Waldhexe und der Bilmesschneider, eine Sagengestalt, ergänzen das Ensemble. Luckner ist leicht zu erkennen, da er Passanten, die ihm zu nahe kommen, gerne mit Wasser bespuckt.

Auch nach seinem Tod, für den die Guillotine der Schreckensherrschaft Robespierres verantwortlich war, ist und bleibt der Graf aus Cham ein Draufgänger und Spaßvogel.

Adresse Marktplatz, 93413 Cham | **Pkw** A 3, Ausfahrt Straubing, dann in Richtung Cham auf der B 20, nach Überquerung des Regen nach rechts in die Obere Regenstraße und gleich wieder links in die Schmidstraße bis zum Marktplatz | **Tipp** Das am Regen gelegene Freizeitbad in der Badstraße, nicht weit vom Marktplatz entfernt, ist bestens geeignet, um sich ganz mit Wasser zu benetzen, sollte einen Graf Luckner erwischt haben.

19 Die Waffenschmiede Casanovas

Büchsen und Pistolen für Kaiser und Könige

Das Geschäft in der Fuhrmannstraße sieht aus wie viele andere Fachgeschäfte für Jagdwaffen. Doch hinter der Fassade verbergen sich mehrere Jahrhunderte Büchsenmacherkunst. Denn seit 1640 stellt die Familie Kuchenreuter in Cham Waffen her. Keine Allerweltswaffen, wie man sie an vielen Orten bekam, sondern Meisterwerke an Präzision. Elegante Waffen, die gut in der Hand liegen und treffsicher sind, ganz egal, welchem Jahrhundert sie entstammen. Die außergewöhnliche Qualität entging auch Fürsten, Königen und Kaisern nicht, die sich immer wieder gerne bei den Kuchenreuters eindeckten. Das Haus Thurn und Taxis ernannte die Kuchenreuters zu ihrem Hofbüchsenmacher. Aber auch die bayerischen Könige zählten zu den Kunden, ebenso die Zaren von Russland, Fürst von Metternich oder Napoleon I.

Der vielleicht berühmteste Schütze war der Venezianer Giacomo Casanova (1725–1798), der sich 1766 wieder einmal rein zufällig verliebt hatte, und zwar in eine Sängerin. Auf die aber hatte auch der polnische Graf Franciszek Branicki (1730–1819) ein Auge geworfen. Ein Duell war unvermeidlich und wurde natürlich mit Kuchenreuter-Pistolen ausgetragen. Beide Kontrahenten trafen und verletzten sich schwer. Und selbst Helden, die es mit der Wahrheit nicht immer ganz genau nahmen, wie Baron Münchhausen, schworen auf die Qualität von Kuchenreuter.

Selbstverständlich kann man auch heute noch seine Traumbüchse von Hand anfertigen lassen. Wer keine eigene Waffe benötigt, kann sich zumindest das kleine Familienmuseum zeigen lassen, das sich ebenfalls im Laden befindet. Dort sind Büchsen und Pistolen aus drei Jahrhunderten ausgestellt. Eine Führung dauert etwa eine Stunde und ist ab fünf Personen möglich. Die Museumsführungen müssen rechtzeitig vereinbart werden. Auf anschließende Pistolenduelle in historischen Kostümen sollten die Teilnehmer jedoch tunlichst verzichten.

Adresse Fuhrmannstraße 9, 93413 Cham, www.kuchenreuter.de | **Pkw** A 3, Ausfahrt Straubing, dann in Richtung Cham auf der B 20, nach Überquerung des Regen geradeaus in die Fuhrmannstraße | **Öffnungszeiten** Museum nach Vereinbarung unter 09971/1506 | **Tipp** Sollte man sich beim virtuellen Pistolenduell verletzt haben, hilft ein Besuch im Bürgerspital (Spitalplatz 1), einem historischen Gebäude aus dem 19. Jahrhundert, derzeit Stadtbibliothek.

20 Die Deininger Eisenbahnbrücke

Seit 1873 über die Weiße Laber

Mit Stolz verweisen Münchner auf die Großhesseloher Brücke über die Isar, sobald es um technisch bedeutende, lange und schöne Eisenbahnbrücken geht. Zudem ist die Großhesseloher Brücke auch noch 258 Meter lang und wurde 1857 eröffnet, wenngleich die aktuelle Brücke ein Neubau von 1985 ist. Doch auf diesem Gebiet können die Oberpfälzer spielend mithalten. Die Deininger Eisenbahnbrücke ist zwar etwas jünger und wurde erst 1873 ihrer Bestimmung übergeben, dafür ist sie jedoch 306 Meter lang. Außerdem ist die heutige Brücke kein kompletter Neubau, da die Züge noch immer über Teile der ursprünglichen Pfeiler rollen.

Bei der Planung der Bahnlinie von Nürnberg nach Regensburg stellte sich 1869 heraus, dass nur eine Trassenführung über den kleinen Ort Deining möglich war, inklusive einer Brücke über die Weiße Laber. Ursprünglich hatten die Planer an eine Kombination aus einem Tunnel und einer kurzen Brücke gedacht, doch erwies sich der Untergrund für dieses Vorhaben als ungeeignet. Alternativ war ein Damm vorgesehen, der ebenfalls die Brücke verkürzen sollte, doch rutschte der halb fertige Damm nach heftigem Regen über Nacht ins Tal. Somit hatten die Planer keine andere Wahl und entschieden sich für die 306 Meter lange Brücke. Statt zwei Pfeiler erhielt die Brücke nun fünf.

Die Arbeiten verwandelten das Tal der Laber ab 1870 in eine Großbaustelle. Drei Jahre später war die Brücke fertiggestellt. 1895 folgte der Ausbau eines zweiten Gleises, um die Brücke in beide Richtungen gleichzeitig befahrbar zu machen. In den 1960er Jahren wurde die Brücke generalüberholt und auf die Zukunft vorbereitet. Noch immer widersteht sie dem Zahn der Zeit und gilt als eine der technisch und ästhetisch interessantesten Eisenbahnbrücken Bayerns. Ein Monument der Technikgeschichte, nicht nur für Eisenbahnfans.

Adresse Bahnhofstraße, 92364 Deining | **Pkw** A 3, Ausfahrt Velburg, dann auf die Staatsstraße 2220 Richtung Deining, den Ort auf der B 8 durchqueren und am Ortsausgang auf die Bahnhofstraße, bis die Eisenbahnbrücke in Sicht kommt | **Tipp** Sehenswert sind das Schloss in der Schloßstraße 1 sowie die Felsenkeller aus dem 17. Jahrhundert.

21 Die Rengnathmühle

Die letzte ihrer Art

Zum ersten Mal wird die Mühle 1467 erwähnt. Damals war sie noch als »Siechenmühle« bekannt, denn nicht weit entfernt stand das Siechenhaus, also das Krankenhaus des Ortes. Das Rathaus dagegen stand noch nicht. Es wurde erst 1479 gebaut. Mehrfach wurde die Mühle umgebaut und dem Stand der Technik angepasst. Das Wasser der Laber aber blieb als treibende Kraft erhalten. Lediglich die Nutzung und Übertragung der Wasserkraft änderte sich im Laufe der Zeit. Selbst die industrielle Revolution und das technische Zeitalter hat die Mühle im Gegensatz zu anderen gut überstanden. Sie hat sich sogar am Wandel beteiligt. 1897 ließ der Müller einen 110-Volt-Generator einbauen, der Dietfurt bis 1950 mit Strom versorgte.

Der heutige technische Stand stammt weitgehend aus dem Jahr 1905. Der Transport der Energie erfolgt über 53 Lederriemen, die wiederum die verschiedenen Maschinen der Mühle antreiben, vom Mahlwerk bis zum Aufzug zur leichteren Beförderung der Getreide- und Mehlsäcke. Insgesamt nimmt die Mühlentechnik vier Stockwerke in Anspruch. Für einen Galerieholländer in Ostfriesland ist das keine Besonderheit, für eine süddeutsche Wassermühle schon. Noch dazu ist die Mühle der Familie Rengnath die älteste noch funktionsfähige Mühle im Altmühltal und eine der ältesten überhaupt.

Wer an einer der Mühlenführungen teilnimmt, merkt schnell, dass Müller alles andere als ein romantischer Beruf war. Auch die Mühle selbst entbehrt jeder Romantik, sondern ist ein durch und durch technisches Bauwerk, das jahrhundertelang einen entscheidenden Beitrag zum Leben und Überleben der Menschen geleistet hat. »Glück zu!« lautet der alte Müllergruß. Denn ein Müller brauchte mehr Glück als andere Handwerker. Von seiner Arbeit hing mehr ab als von der des Schreiners oder Schusters. Das Müllerhandwerk, auch das erfährt man in der Rengnathmühle, ist ein ausgesprochener Knochenjob. Glück zu!

Adresse Hauptstraße 51, 92345 Dietfurt | Pkw A 9, Ausfahrt Altmühltal, dann in Richtung Kinding auf der Staatsstraße 2228, dann auf der Staatsstraße 2230 nach Beilngries und weiter nach Dietfurt, dort nach links in die Hauptstraße | Öffnungszeiten täglich 8–20 Uhr, Führungen um 10, 14 und 16 Uhr | Tipp In Dietfurt befindet sich das Wagnerei-Museum Zacherl (Zum Goggerturm 24), in dem die Werkzeuge des Wagners und Stellmachers zu besichtigen sind.

22 Der Chinesische Turm

Rückkehr nach langer Abwesenheit

Auch Türme können gelegentlich auf Reisen gehen. So ist es zumindest dem Chinesischen Turm ergangen, den die Familie Thurn und Taxis 1842 in Donaustauf im Fürstengarten des Schlosses Donaustauf hat errichten lassen. Zeitgleich übrigens mit der Eröffnung der Walhalla. Das Schloss hatte Fürst Karl Alexander von Thurn und Taxis als Entschädigung für die verstaatlichte Post vom Königreich Bayern erhalten und seinen Wünschen entsprechend um- und ausgebaut. Es diente der Familie von da an als Sommerresidenz. Der Chinesische Turm war Teehaus, Treffpunkt und Ort des Rückzugs. Das damals noch weitgehend unbekannte Land war eine Art geheimnisvoller Sehnsuchtsort, auf den man die verschiedensten exotischen Vorstellungen projizieren konnte.

Dann ereignete sich die Katastrophe. Ein Großbrand zerstörte 1880 über die Hälfte aller Häuser und auch das fürstliche Schloss. Donaustauf war größtenteils eine Ruine. Doch kurioserweise hat der Chinesische Turm im Fürstengarten den Brand überstanden und wurde von der Familie nach Regensburg überführt, um dort 1902 im Garten der neuen Sommerresidenz Schloss Prüfening wieder aufgebaut zu werden. Auch diente er wieder als Musik- und Teehaus. Nach dem Zweiten Weltkrieg geriet er in Vergessenheit und verschwand nach und nach im Grün des Gartens.

Franz Kastenmeier, ein Sammler historischer Aufnahmen, entdeckte 1994 schließlich den Turm auf einer Luftaufnahme und initiierte die Idee, ihn wieder nach Donaustauf zu versetzen. Das Vorhaben, betrieben vom eigens gegründeten Verein »Chinesischer Turm e. V.«, hatte tatsächlich Erfolg. Der Turm konnte vor dem Verfall gerettet und dank staatlicher Fördergelder und Firmenspenden in Höhe von 750.000 Euro auf Reisen gehen. Chinesische Experten und deutsche Denkmalschützer garantierten einen korrekten Wiederaufbau. Am 17. September 1999 wurde der Turm an seinem ursprünglichen Standort eingeweiht.

Adresse Fürstengarten, Wörther Straße, 93093 Donaustauf | Pkw A3, Ausfahrt Neutraubling, dann in Richtung Donaustauf, zunächst auf der B8, dann auf der Staatsstraße 2145, nach der Donauüberquerung nach rechts in Maxstraße, die zur Wörther Straße wird | Öffnungszeiten von außen immer, von innen bei diversen Veranstaltungen | Tipp Die Walhalla ist nur einen Kilometer entfernt; wer noch nicht dort war, hat jetzt die Gelegenheit.

23 Der Donaublick

Auf der Burgruine sieht man weiter

Bekanntlich hat man von der Walhalla aus einen sehr guten Rundblick über die Donau und das Regensburger Land. Wer sich jedoch zur Ruine der Burg Donaustauf begibt, kann dieses Erlebnis deutlich steigern, wenn auch nicht mühelos. Die Ruine liegt über dem Ort auf einer Anhöhe. Erbaut wurde die mittelalterliche Anlage ab dem 11. Jahrhundert, es gab jedoch mehrere Vorgängerbauten. Wer den Weg auf den Burgberg geschafft hat, weiß sofort, warum die Erbauer immer wieder diesen Ort gewählt haben. Strategisch günstiger geht es einfach nicht.

Die Anlage ist eine sogenannte Abschnittsburg, die aus einer Hauptburg und sechs gestaffelten und befestigten Vorburgen und Toren besteht. Hinter den bis zu fünf Meter dicken Mauern fühlten sich viele berühmte Persönlichkeiten sicher, darunter Kaiser Barbarossa und der Kirchenlehrer und Bischof Albertus Magnus. Selbst die Ruine lässt den Betrachter noch den Kopf schütteln, wer es gewagt haben könnte, diese große Burganlage anzugreifen. Es waren die Schweden im Dreißigjährigen Krieg. Die Burg war ihnen ein Dorn im Auge, denn von dort aus unternahm die bayerische Besatzung immer wieder Überfälle auf schwedische Transporte. Im Januar 1634 ließ Herzog Bernhard von Sachsen-Weimar die Burg erstürmen. Die Verluste waren hoch, aber am Ende triumphierten die Schweden und sprengten die Anlage.

Die Ruine gehört seit 1986 der Gemeinde Donaustauf, die viel für den Erhalt getan hat. Sonst wäre es gar nicht möglich, den Donaublick zu genießen. Im Osten thront die Walhalla über der Donau, im Westen erkennt man Regensburg, im Süden sieht man Neutraubling. Vor allem aber sieht man die Donau, wie man sie nur selten sieht, denn der 424 Meter hohe Burgberg erhebt sich hoch über dem Fluss. Natürlich ist auch die Burg selbst ein Erlebnis, der Clou aber ist dieser einmalige, phantastische Blick, von dem man nicht genug bekommen kann.

Adresse Taxisstraße 21, 93093 Donaustauf | Pkw A 3, Ausfahrt Neutraubling, dann in Richtung Donaustauf, zunächst auf der B 8, dann auf der Staatsstraße 2145, nach der Donauüberquerung links in die Prüllstraße und gleich wieder nach rechts in die Taxisstraße | Tipp Die Steinerne Brücke in Regensburg ist sehenswert.

24 Die Gaststätte Röhrl

Das älteste Wirtshaus der Welt

Wer auf gepflegte Tradition Wert legt, ist im Wirtshaus Röhrl genau richtig. Denn hier wird nicht erst seit mageren 50, 100 oder 150 Jahren Bier ausgeschenkt und Essen serviert. Auch hat man hier nicht zu befürchten, dass das Wirtshaus regelmäßig den Besitzer wechselt, da es seit Jahrhunderten in Familienbesitz ist. Nein, dieses Wirtshaus ist kein Szenelokal, das sich unentwegt jeder Mode anpasst und jedem Trend hinterherhechelt. Hier denkt man in ganz anderen historischen Dimensionen.

Als Andreas Röhrl das Wirtshaus samt Brauerei 1665 übernahm und umbaute, verfügte es bereits über eine Geschichte, die jedoch durch den Dreißigjährigen Krieg weitgehend getilgt worden ist. Ebenso wie das Dorf Eilsbrunn, das fast komplett wiederaufgebaut werden musste. Andreas Röhrl jedenfalls schuf die ökonomische Grundlage, auf der die nachfolgenden Generationen aufbauen konnten. Auch die anderen Röhrls verstanden es, das Wirtshaus sicher durch die Jahrhunderte zu führen und allen Kriegen, Wirtschafts- und Modernisierungskrisen zu trotzen. Elf Generationen sind so bis zur Gegenwart zusammengekommen, und ein Ende ist nicht abzusehen. Seit dem 16. Oktober 2010 gilt daher der Landgasthof als »Älteste Gaststätte der Welt«, wie im Guinnessbuch nachzulesen ist. Zwar gibt es ältere Wirtschaften, die aber waren nicht durchgehend geöffnet.

Auf der Speisekarte finden sich vor allem regionaltypische Gerichte wie Schweinebraten, Schäuferl oder Sauerbraten. Aber auch Vegetarier und Veganer kommen auf ihre Kosten, denn auch Ratatouille und Rote-Bete-Gnocchi stehen zur Auswahl. Brotzeiten, Suppen und selbst gebackene Kuchen fehlen ebenfalls nicht. Lediglich das Bier stammt nicht mehr aus der eigenen Brauerei. Das Brauen überlässt man der Verwandtschaft, der Brauerei Röhrl in Straubing. Das Wirtshaus ist inzwischen denkmalgeschützt und kann nur als urig bezeichnet werden. Zum Wohl!

Adresse Regensburger Straße 3, 93161 Eilsbrunn, www.gaststaette-roehrl.de | **Pkw** A 3, Ausfahrt Nittendorf, dann auf der B 8 in Richtung Nittendorf, dann auf die R 14 in Richtung Eilsbrunn, der Straße folgen und am Kriegerdenkmal in die Regensburger Straße fahren | **Öffnungszeiten** Mo–Fr ab 17 Uhr, Sa–So ab 11 Uhr, Di Ruhetag, im Winter Mi und Do geschlossen | **Tipp** Die Schlossbrauerei Eichhofen und die dazugehörige Schlossgaststätte.

25 Die Modelleisenbahn im Kloster

Mit König Ludwig II. und Tristan über den Dachboden

Was erwartet den Besucher in einem Kloster? Nonnen und Mönche, sofern es noch besteht. Eine Bibliothek, ein Refektorium, eine Klosterkirche und einen Klostergarten. Vieles von dem findet man im ehemaligen Benediktinerkloster in Ensdorf vor, das 1802 säkularisiert wurde. Aber man findet auch etwas vor, das im Allgemeinen nicht in einem Kloster erwartet wird. Auf dem Dachboden steht man plötzlich vor einer riesigen Modelleisenbahnanlage mit einer Gleislänge von über 350 Metern. Nicht eine kleine Welt, gleich mehrere Welten sind hier in der Baugröße H0, also im Maßstab 1:87, aufgebaut.

Das Benediktinerkloster ist eine Neugründung aus dem Jahr 1669, nachdem ein Brand den Vorgängerbau zerstört hatte und der Klosterbetrieb aufgegeben worden war. Die heutige Klosterkirche wurde 1717 vollendet. Die Klosterbibliothek war eine der größten weit und breit. Berühmt war das Kloster auch für seine Totenrotelsammlung, die sich heute in der Provinzialbibliothek Amberg befindet. Totenrotel sind Pergamentrollen, die die Nachricht vom Tode eines Ordensbruders in Umlauf brachten. Seit 1920 nutzt die Kongregation der Salesianer Don Boscos das ehemalige Kloster.

Aber nicht nur sie, sondern auch der Modelleisenbahn-Club »Unteres Vilstal e. V.«, den 1991 acht Gründungsmitglieder ins Leben riefen und auch gleich den Dachboden des Klosters als idealen Raum für eine Eisenbahnanlage ausmachten. Im Laufe der Zeit baute der Verein einen Teil des Dachbodens um und schuf dort die kleinen Welten inklusive einer Gleichstrom-Digitalanlage, mit der 30 Zuggarnituren unabhängig voneinander gesteuert werden können. Einer der Züge ist der Hofzug des legendären Bayernkönigs Ludwig II., gezogen von der Dampflok »Tristan«. Zusammen mit den anderen Zügen versetzt er den Betrachter zurück in eben nicht vergessene Zeiten, wie die stetig wachsende Anlage im Kloster eindrucksvoll demonstriert.

Adresse Hauptstraße 9, 92266 Ensdorf | **Pkw** A 6, Ausfahrt Amberg-Süd, dann auf der Staatsstraße 2165 in Richtung Ensdorf, am Ortseingang nach links in die Hauptstraße fahren | **Öffnungszeiten** Termine für Vorführungen unter www.mecrieden.de | **Tipp** Das Kloster selbst ist natürlich sehenswert.

26 Die Destille

Whisky vom Feinsten

Keine Frage, Whisky beziehungsweise Whiskey ist eine irisch-schottische Erfindung, deren historische Spur sich im späten Mittelalter verliert. Doch erst durch eine entsprechende Gesetzgebung kam es in Schottland ab 1822/23 zum Betrieb professioneller Destillen. Whisky wurde zu einem legalen, anerkannten und hochwertigen Produkt.

Als die britischen Gesetze verabschiedet wurden, hat Johann Baptist Schraml bereits seine Destille betrieben. Denn der gelernte Bäcker hat 1818 das Brennrecht von den bayerischen Behörden erhalten. Whiskykenner halten daher die Whiskydestille der Familie Schraml für die älteste in Deutschland. Weltweit zählt sie ohnehin zu den besten, die keinen Vergleich mit schottischen Bränden zu scheuen braucht. Das Spitzenprodukt ist der »Stonewood 1818«, ein »Bavarian Single Grain Whisky«, der zehn Jahre lang in Limousin-Eichenfässern, die zuvor Weinbrand enthielten, gelagert wird. Die Rezeptur inklusive der Getreidemischung stammt von Christoph Karl Schraml und ist weit über hundert Jahre alt. Einem Laien muss man also erklären, dass Schramls Whisky kein nachgemachtes Produkt ist, sondern ein Original.

2008 wurde der »Stonewood 1818« bei den World Spirit Awards mit der Goldmedaille ausgezeichnet. Jim Murray's Whisky-Bible verlieh ihm 2010 gleich 91 Punkte (Kategorie: brillant). Ein Whisky für Kenner also, deren Nase sich nicht automatisch und reflexartig an schottischen Destillaten orientiert. Allerdings füllt Gregor Schraml pro Jahr nur rund 300 nummerierte Flaschen ab, sodass sein Spitzenprodukt auf Jahre hinaus ausverkauft ist. Zum Glück stellt der Lebensmitteltechnologe in seinem familiären Traditionsbetrieb noch eine ganze Reihe anderer Brände her, die sich ebenfalls nicht zu verstecken brauchen. Wem der Weg nach Schottland zu weit ist, um eine echte, alte Whiskydestille zu besuchen, kann dies auch in der Oberpfalz tun.

Adresse Pfarrgasse 22, 92681 Erbendorf, www.brennerei-schraml.de | **Pkw** A 93, Ausfahrt Altenstadt an der Waldnaab, dann auf der B 22 in Richtung Altenstadt/Bayreuth, in Erbendorf auf die Tirschenreuther Straße abbiegen und dann rechts in die Pfarrgasse | **Öffnungszeiten** Führungen Mo–Fr nach Absprache unter Tel. 09682/183690 | **Tipp** Das 1995 eröffnete Bergbau- und Heimatmuseum in Erbendorf ist auch etwas für Whiskykenner.

27 Die Burg Falkenberg

Restauriert von einem Mann des Widerstands

Von welcher Seite man sich auch dem kleinen Ort Falkenberg nähert, immer richten sich die Blicke auf die Burg, die im Zentrum auf einem imposanten Felsen thront. Dort wurde sie vermutlich bereits im 11. Jahrhundert errichtet.

Auffallend ist die Felsformation, die aussieht, als habe hier Obelix Hinkelsteine gestapelt. In Wahrheit aber handelt es sich um eine besondere Form der Erosion, die Wollsackverwitterung genannt wird. Die für diese Wortschöpfung verantwortlichen Geologen sind beim Anblick der Burg Falkenberg auf diese Bezeichnung gestoßen. Jedenfalls sind weichere Schichten zuerst verwittert und haben diese Formen gebildet.

Mehrfach wechselte die Burg im Laufe der Geschichte ihre Besitzer und war auch in die Kriege involviert, die in der gesamten Oberpfalz tobten. Dem Angriff der Hussiten 1428 hielt die Burg stand, die Belagerer konnten den Felsen und die Mauern nicht bezwingen. Im letzten Kriegsjahr des Dreißigjährigen Krieges (1618–1648) belagerten die Schweden unter Feldmarschall Hans Christoph von Königsmarck (1600–1663) die Burg. Schon nach wenigen Kanonenschüssen gaben die Verteidiger auf, sodass sie nicht weiter zerstört wurde. Nach dem Abzug der Schweden wurde die Burg aufgegeben, verfiel langsam und diente als Steinbruch.

In diesem Zustand, ohne Dächer und mit einem fast abgetragenen Burgfried, kaufte sie 1937 Graf Friedrich-Werner von der Schulenburg (1875–1944), seit 1934 deutscher Botschafter in Moskau. Mit großem finanziellen Aufwand und der Hilfe eines erfahrenen Architekten ließ er die Burg umfassend restaurieren. Doch aus seinen Plänen, dort seinen Lebensabend zu verbringen, wurde nichts, da er in andere Pläne eingeweiht war. Als Mitglied des Widerstands wurde er nach dem Attentat vom 20. Juli 1944 verhaftet und zum Tode verurteilt. Seine Erben verkauften die Burg 2008 an die Gemeinde, die die Anlage noch einmal renovierte.

Adresse Graf-Schulenburg-Weg, 95685 Falkenberg | Pkw A 93, Ausfahrt Falkenberg, dann in Richtung Falkenberg auf der Staatsstraße 2167, kurz vor dem Ort nach rechts auf die Staatsstraße 2170 fahren, die nach Falkenberg führt | Öffnungszeiten Teile der Burg sind tagsüber zugänglich, außerdem finden regelmäßig Veranstaltungen statt | Tipp Die 1980 restaurierte Synagoge von Floß (Am Berg) ist einen Besuch wert.

28 Die Kuppel der Wallfahrtskirche Maria Hilf

Barocker Glanz auf der grünen Wiese

Barocke Zentralbauten gelangten aus Italien nach Deutschland und veränderten den Kirchenbau. Das wohl bekannteste Beispiel ist die Sankt-Michaelis-Kirche in Hamburg. Und es sind natürlich die reichen Städte, in denen man sakrale Bauten dieser Art und Ausstattung erwartet. Gigantische Kuppeln, die sich über einen Innenraum erheben, deren Hauptachsen etwa gleich lang sind.

Wer sich von Norden her Freystadt nähert, sucht vergeblich nach der Stadt, die eine Kirche dieser Größe im Allgemeinen umgibt. Die Wallfahrtskirche Maria Hilf steht mitten auf der grünen Wiese. Genau dort hatten zwei Hirten gegen Ende des Dreißigjährigen Krieges eine kleine Kapelle errichtet, die zunehmend Pilger anzog. Als auch ein etwas größerer Nachfolgebau nicht mehr ausreichte, beschloss Ferdinand Lorenz Franz Xaver Graf Tilly, der zuständige Grundherr und Nachfahre des Feldherrn Tilly, eine richtige Wallfahrtskirche nach italienischem Vorbild bauen zu lassen. Geld spielte keine Rolle. Als Baumeister wählte er Giovanni Antonio Viscardi (1645–1713), der die Kirche nach zehn Jahren Bauzeit 1710 fertigstellte. Die Fresken, die das Leben Marias zeigen, schuf der namhafte Kirchenmaler Hans Georg Asam (1649–1711) zusammen mit seinen Söhnen Cosmas Damian und Egid Quirin.

Das Ergebnis ist über alle Maßen beeindruckend. Selbst wenn dem Betrachter kunsthistorische Kenntnisse fehlen, wird ihm beim Betreten umgehend bewusst, sich in einer außergewöhnlichen Kirche zu befinden. Die barocke Pracht der Kuppel, die zwischen 1980 und 1984 umfassend renoviert wurde, erwartet man nicht in der Provinz. Die Kirche dient heute auch als Veranstaltungsort für Konzerte, für die sich die Anreise nicht zuletzt wegen des Ambientes lohnt. Die Blicke richten sich dann immer wieder nach oben in die Kuppel, von der das Auge nicht lassen kann. Hörenswert ist auch die Orgel von Volkmar Krätzer.

Adresse Allersberger Straße 31, 92342 Freystadt | **Pkw** A 9, Ausfahrt Allersberg, dann in Richtung Allersberg/Freystadt auf der Staatsstraße 2237, am Ortseingang nach links in die Allersberger Straße | **Tipp** Neben der Kirche steht das Franziskanerkloster von 1681, erweitert 1718. Sehenswert sind auch der gotische Torturm (Südöstliches Stadttor) und der Pulverturm aus dem 14. Jahrhundert.

29 Die Hammerschmiede

Ein Modernisierungsverlierer, der überlebte

Wind- und Wassermühlen waren zweifelsfrei Wegbereiter der industriellen Revolution, denn sie haben die Menschen lange vor der Erfindung der Dampfmaschine an maschinelle und sich wiederholende Arbeitsvorgänge gewöhnt. Noch dazu ermöglichte die Mühlentechnik nicht nur das Mahlen von Getreide, sondern gleich rund 180 verschiedene Anwendungsarten. Eine besonders wichtige war der Hammer, der dort weitermachte, wo der Schmied nicht mehr weiterkonnte. Mit den großen und wasserbetriebenen Hämmern war es möglich, auch große Werkstücke zu bearbeiten. Ein weiterer Beitrag zur Industrialisierung.

Wer diesen technologisch so bedeutungsvollen Entwicklungsschritt nachvollziehen will, ist in der Hammerschmiede Voithenberghütte genau richtig. Sie liegt ein wenig versteckt zwischen Schafberg und Voithenberghütte im Tal der Kalten Pastritz. Erbaut wurde sie 1823 durch einen Freiherrn mit dem wohlklingenden Namen Zacharias Voith vom Voithenberg und an einen Hammerschmied verpachtet. Erst 1926 musste sie sich der motorbetriebenen Konkurrenz beugen und schließen. Doch während andere Hammerschmieden schon bald abgerissen wurden oder allmählich verfielen, blieb diese Hammerschmiede erhalten. Einer der Gründe ist ihre versteckte Lage.

Dem »Trachtenverein Pastritztaler« aber war die Lage bekannt. Er ermunterte 1977 mit Nachdruck die Stadt Furth im Wald, die Mühle zu erhalten, und hatte Erfolg. Die Stadt kaufte die Mühle und restaurierte sie, woran sich auch der Verein entsprechend beteiligte. Seither dient die Hammermühle als Außenstelle des Landestormuseums, in der regelmäßig Vorführungen stattfinden. Denn selbstverständlich sind die beiden Hämmer voll funktionsfähig und können auch heute noch glühendes Eisen schmieden. Dem Besucher wird sofort klar, vor einem Bindeglied zwischen dem Hammer eines Schmieds und dem Dampfhammer eines frühen Industriebetriebs zu stehen.

Adresse Voithenberghütte 26, 93437 Furth im Wald | Pkw A 93, Ausfahrt Schwarzenfeld, dann in Richtung Schwarzenfeld/Stulln auf der Staatsstraße 2151 bis Rötz, dort geradeaus 5 Kilometer auf der B 22, dann geradeaus auf die Staatsstraße 2400 in Richtung Waldmünchen/ Furth im Wald, vor Erreichen von Furth im Wald der Beschilderung folgen | Öffnungszeiten aktuelle Öffnungszeiten unter www.hammerschmiede-furth.de | Tipp Der Naturpark Oberer Bayerischer Wald lädt zum Wandern ein.

30 Der Japanische Garten

Ruhe vor dem Drachen

Furth im Wald ist die Drachenstadt, weltbekannt durch den Drachenstich, der nicht weiter erläutert werden muss. Seit 2010 steht der Drachentöter einem neuen Drachen gegenüber, unter dessen schuppiger Haut sich der weltgrößte vierbeinige Laufroboter befindet. Elf Tonnen wiegt das 15,5 Meter lange Monster, spuckt Feuer nach Belieben und macht jede Menge Krach. So ein Drachenstich ist keine besinnliche Veranstaltung.

Besinnlichkeit aber findet man auch in Furth im Wald, nämlich im Japanischen Garten, auch ZEN-Garten genannt. Allerdings gibt es auch hier Drachen, einen, der den Osten symbolisiert, und einen, der für den Westen steht. Im Garten begegnen sich beide ausgesprochen friedlich. Der 800 Quadratmeter große Garten wurde im Juni 2001 eröffnet und verdankt seine Existenz der Initiative der Japanerin Masumi Böttcher-Muraki, die in München lebt. Sie fungierte nicht nur als Projektleiterin, sondern sorgte auch dafür, dass Furth im Wald den Garten als Geschenk erhielt. Denn ihr gelang es, den japanischen Unternehmer Nobura Nakahara als großzügigen Sponsor zu gewinnen. Das Anliegen der beiden Japaner war es, japanische Kultur auch in Bayern erfahrbar zu machen. Zuständig für die Umsetzung war der japanische Gartenbauarchitekt Kanji Nomura.

Im Garten selbst verbinden sich die beiden Drachen, die aus Natursteinen gestaltet wurden, wie die beiden Elemente des Yin- und Yangsymbols zu einer Einheit. Die Anordnung von Steinen, Wasser und Pflanzen folgt genauen Regeln, die sich einem westlichen Menschen nicht ohne Weiteres erschließen. Wer jedoch den Garten betritt, spürt die Harmonie von Natur und Kultur, von Gewachsenem und Gestaltetem. Selbst der Laie merkt, dass hier nicht Nachahmer am Werk waren, sondern japanische Meister ihres Fachs. Wie üblich repräsentieren drei sogenannte Buddha-Steine den Himmel, das Paradies und die Ideale. Ein Ort der Ruhe und des Friedens.

Adresse Chambaue 1, 93437 Furth im Wald | **Pkw** A 93, Ausfahrt Schwarzenfeld, dann in Richtung Schwarzenfeld/Stulln auf der Staatsstraße 2151 bis Rötz, dort auf der B 22 bis nach Cham und auf der B 20 bis nach Furth im Wald, Ausfahrt Pilsen/Furt im Wald, geradeaus auf der Chamer und Grabitzer Straße, vor der Altstadt nach rechts in die Brauhausstraße, wieder rechts in den Zippererweg, der in die Chambaue übergeht | **Öffnungszeiten** jederzeit zugänglich | **Tipp** Die Felsengänge unter der Stadt sind einen Besuch wert.

31 Das Brigittenkloster

Wo der Dreißigjährige Krieg tobte

Bevor die Nonnen aus Schweden kamen, war Eichelberg kein bedeutender Ort. Das änderte sich 1426 mit der Gründung des Brigittenklosters. Sogar der Ortsname änderte sich, denn ab jetzt wurde Eichelberg nur noch Gnadenberg genannt. Nachdem die ersten Bauten fertig waren, zogen 1430 die ersten Mönche ein, die Nonnen folgten fünf Jahre später. Wie es die Gründer vorgesehen hatten, war Gnadenberg ein Doppelkloster. Kaum hatten sich Mönche und Nonnen eingerichtet, rekrutierten sie auch schon Nachwuchs aus dem Umland, insbesondere aus Nürnberg. Die Klosterkirche benötigte mehr Bauzeit und konnte erst 1483 geweiht werden, obwohl zu diesem Zeitpunkt noch das vorgesehene Dach fehlte, in dessen Planung auch Albrecht Dürer involviert war.

Nach der endgültigen Fertigstellung war die Klosterkirche ein Schmuckstück, das über drei gleich große Kirchenschiffe und einen Altarchor aus 13 Einzelaltären verfügte. Bis zur Reformation arbeiteten Mönche und Nonnen in den Klostergärten und erfreuten sich großzügiger finanzieller Zuwendungen reicher Bürger. Ab Mitte des 16. Jahrhunderts war es mit dem Klosterleben vorbei, das Kloster wurde, wie viele andere auch, säkularisiert. Nach und nach wurden die Gebäude verkauft oder verpachtet. Den Rest besorgten schwedische Soldaten im Dreißigjährigen Krieg, die mehrere Gebäude und die ausgesprochen große Klosterkirche am 23. April 1635 in Flammen aufgehen ließen.

Dennoch ist die Größe und Pracht der Klosterkirche heute noch sehr gut vorstellbar. Die noch vorhandenen Außenmauern sind gesichert. Erhalten gebliebene Gebäude, wie Teile des Nonnenklosters und des dazugehörigen Refektoriums, sind inzwischen restauriert oder werden restauriert. Unter Teilen der Anlage vermuten Archäologen noch wertvolle Reste der zerstörten Gebäude. Ob und wann sie geborgen werden, ist jedoch völlig offen. Beeindruckend ist das ehemalige Brigittenkloster ohnehin.

Adresse Gnadenberger Straße, 92348 Berg bei Neumarkt | Pkw A3, Ausfahrt Oberölsbach, dann in Richtung Berg/Sindlbach auf der Staatsstraße 2240 bis nach Gnadenberg | Öffnungszeiten nur von außen zu besichtigen | Tipp Nicht weit entfernt befindet sich die Burgruine Haimberg, eine Höhenburg aus dem 12. Jahrhundert.

32 Die Riesenstreichholzschachtel

Feuer und Flamme für Deutschland

Vor gar nicht so langer Zeit waren sie in fast jedem westdeutschen Haushalt zu finden, die kleinen blauen Schachteln mit der weißen Schrift »Welthölzer«. Die Zahl der Kerzen und Zigaretten, die mit diesen Streichhölzern entzündet wurden, lässt sich bestenfalls ahnen. Über Jahrzehnte waren diese Streichhölzer fester, aber kaum wahrgenommener Teil des Alltags von Millionen von Menschen. Hergestellt wurden die Welthölzer in Grafenwiesen von der Firma Allemann, die sich in das bis 1983 bestehende Zündholzmonopol des schwedischen Zündholzkonzerns STAB eingekauft hatte. Nur dem Monopol zugehörige Firmen durften Streichhölzer herstellen. So verlangte es der Vertrag von 1929.

Nach dem Auslaufen der Vereinbarung wurde der Zündholzmarkt in Deutschland neu aufgeteilt und war nun auch jedem Importeur zugänglich. Die Streichholzproduktion in Grafenwiesen lohnte sich nicht mehr und wurde 1985 aufgegeben. Aber das Streichholz nicht. Als sich der Ort im Rahmen eines Dorferneuerungsprogramms 1997 bis 1999 auch auf die Suche nach der eigenen Geschichte und Identität begab, sorgte das Streichholz für Erleuchtung. Der Gemeinderat nutzte eine ebenso einmalige wie zufällige Gelegenheit und erwarb von einem Streichholzenthusiasten eine umfangreiche Sammlung an Streichholzschachteln und Streichhölzern. Umgehend gründeten Bürger am 29. September 2000 den Verein »Zündholzmuseum Grafenwiesen e. V.«, um die zündende Idee mit Feuer und Flamme zu unterstützen. Der Gründungsakt gelang, dennoch vergingen sieben Jahre, bevor im Mai 2007 das in Deutschland einzigartige Zündholzmuseum eröffnet werden konnte. Ein Museum, in dem der Begriff »alte Schachtel« alles andere als ein Schimpfwort ist. Das unübersehbare Symbol des Museums ist die größte Streichholzschachtel Deutschlands.

Adresse Schönbuchener Straße 31, 93479 Grafenwiesen, www.deutsches-zuendholzmuseum.de | Pkw A 93, Ausfahrt Schwandorf-Mitte, dann auf der B 85 in Richtung Cham, hinter Chammünster auf die Staatsstraße 2132 wechseln, in Grafenwiesen rechts in die Schönbuchener Straße abbiegen | Öffnungszeiten 20. April – 30. Okt. Mi, Do, So, Feiertage 14 – 16 Uhr | Tipp Der Greifvogelpark Grafenwiesen klärt über Grafen und Greifen, Vögel und Wiesen auf.

33 Der Frontchristbaum

Symbol des Friedens im Kultur- und Militärmuseum

Der Erste Weltkrieg gilt als »Urkatastrophe« des 20. Jahrhunderts, der 17 Millionen Menschen zum Opfer fielen. Der erste wirklich moderne, technisierte Krieg. Doch trotz oder gerade wegen des von den Soldaten zuvor ungeahnten Massensterbens kam es Weihnachten 1914 zu einer Geste, die für kurze Zeit das Wesen des Krieges an sich in Frage stellte. In Flandern begannen einfache deutsche Soldaten mit dem Aufstellen von Kerzen und dem Singen von Weihnachtsliedern. Britische Soldaten schlossen sich an. Ohne Waffen kamen die Soldaten aus den Schützengräben und feierten gemeinsam Weihnachten. Der berühmte Weihnachtsfrieden 1914 war ausgebrochen. Geschenke wurden ausgetauscht, ein Fußballspiel ausgetragen (Deutschland–England 2:1). Die Feinde wussten nicht mehr, warum sie eigentlich aufeinander schießen mussten. Schließlich beendeten tödliche Befehle die friedliche Feier.

Die deutschen Soldaten begingen ihr Weihnachtsfest mit dem fertig geschmückten und mit massivem Ständer versehenen Frontchristbaum, der gut verpackt per Feldpost an der Front eintraf. Zu sehen ist das letzte noch vorhandene Exemplar im Kultur- und Militärmuseum in Grafenwöhr. Wer hier nämlich nur Gewehre und Granaten vermutet, irrt auf ganzer Linie. Nicht dass der zuständige Heimatverein darauf verzichtet hätte, aber er hat eben auch großen Wert auf die Zusammenhänge und unbekannte Aspekte gelegt, wie eben der Frontweihnachtsbaum belegt, der auf seine Weise den ganzen Horror dieses Krieges aufzeigt.

Der Grund, in Grafenwöhr ein solches Museum zu eröffnen, liegt auf der Hand. In unmittelbarer Nähe wurde 1908 der auch heute noch genutzte Truppenübungsplatz gegründet. Er liefert seit über hundert Jahren genug Themen und Exponate. Dazu zählt auch Elvis Presley (1935–1977), der in Grafenwöhr 1958 seinen Militärdienst ableistete. Auch er ist natürlich in der Ausstellung gebührend vertreten.

Adresse Martin-Posser-Straße 14, 92655 Grafenwöhr, www.museum-grafenwoehr.de | **Pkw** A 9, Ausfahrt Pegnitz, dann auf die B 85/B 470 in Richtung Weiden, der B 470 bis nach Eschenbach folgen, dort auf die Staatsstraße 2168 nach Grafenwöhr, dort nach rechts auf die B 299 und gleich wieder links in die Obere Torstraße und rechts in die Martin-Posser-Straße | **Öffnungszeiten** Di–Do und So 14–16 Uhr | **Tipp** Wem nach dem Besuch des Museums nach Frieden ist, kann ihn in der Friedenskirche in Grafenwöhr finden.

34 Die Pestsäule

St. Sebastian und der Marktplatz

Sie gehören einfach zusammen, die Pestsäule und das Rathaus aus dem 15. Jahrhundert. Beide haben die Geschichte irgendwie überstanden, sind den ständigen Kriegen und Plünderungen entkommen, dem Dreißigjährigen Krieg ebenso wie dem Zweiten Weltkrieg. Denn fast alles, was bis dahin kriegerischen Ereignissen entgangen war, wurde während der alliierten Bombenangriffe am 5. und 8. April 1945 in Schutt und Asche gelegt. Die Häuser, die heute rund um den Marktplatz stehen, stammen aus dem 19. Jahrhundert und wurden nach dem Stadtbrand von 1870 errichtet und nach 1945 restauriert oder wieder errichtet. Das Rathaus aber stammt zum großen Teil tatsächlich aus dem Jahr 1462, die Pestsäule wurde 1496 aufgestellt.

Säulen dieser Art finden sich in vielen Städten. Vom Datum ihrer Aufstellung lässt sich keinesfalls immer eine Pestepidemie zu diesem Zeitpunkt ableiten. Vielfach wurden sie errichtet, um einer solchen vorzubeugen. Die genauen Gründe für die Aufstellung liegen in Grafenwöhr im Dunkeln. Die Kriege und Brände haben mögliche Dokumente getilgt. Ohnehin wird die Pestsäule auch Passionssäule genannt, da vier Reliefs den Leidensweg Christi darstellen (Kreuzigung, Schweißtuch Veronikas, Christus an der Geißelsäule und Kreuztragung). Gesichert ist, dass die Pest im 17. Jahrhundert nach Grafenwöhr kam und unter jenen Bürgern wütete, die den Dreißigjährigen Krieg überlebt hatten.

Als 1730 erneut eine Epidemie ausbrach, riefen die Bürger den heiligen Sebastian um Hilfe, den Schutzheiligen gegen die Pest. Die Bürger gelobten, den 20. Januar zum Feiertag zu erheben, sollte die Bitte helfen. Sie half tatsächlich, und bis heute ist der 20. Januar ein lokaler Feiertag, in den auch die Pestsäule eingebunden ist. Das Ensemble Rathaus und Pestsäule repräsentiert Grafenwöhr auf historisch besondere Weise und zeigt auch, wie eine Stadt sich immer wieder neu erschafft und erfindet.

Adresse Marktplatz 1, 92655 Grafenwöhr | Pkw A 9, Ausfahrt Pegnitz, dann auf die B 85/B 470 in Richtung Weiden, der B 470 bis nach Eschenbach folgen, dort auf die Staatsstraße 2168 nach Grafenwöhr, dort nach rechts auf die B 299 und gleich wieder links in die Obere Torstraße bis zum Marktplatz | Tipp In Grafenwöhr-Grub liegt das Schloss Grub, auch Hofmarkschloss genannt, erbaut 1714.

35_Die Kammerschleuse

Als die Naab schiffbar wurde

Die Naab ist ein Nebenfluss der Donau, die gleich über mehrere Quellflüsse verfügt, von denen die Waldnaab der bekannteste ist. Eine ganze Reihe von Städten der Oberpfalz liegt an der Naab, etwa Nabburg, Schwandorf, Tirschenreuth, Weiden oder Burglengenfeld. Da die Naab in die Donau mündet, stellt der rund 160 Kilometer lange Fluss eine ideale Verkehrsanbindung für die an ihr gelegenen Orte dar. Vor allem der historisch lange Zeit politisch wie ökonomisch wichtigste Ort der Oberpfalz, Regensburg, war dank der Naab leicht erreichbar. Die zahlreichen Eisengruben und Hammerwerke nutzten daher die Naab, soweit es ging, um etwa verhüttetes Eisen oder Eisenprodukte nach Regensburg zu bringen.

Die Kammerschleuse bei Heitzenhofen wurde erst 1837/38 gegraben und gemauert und war nicht ausschließlich für den Eisentransport notwendig. Eisenschiffe fanden natürlich auch Platz, doch die meisten Schiffe hatten Holz aus Kallmünz und anderen Orten an Bord. Der Bestimmungshafen war wiederum Regensburg.

Auch in Pielenhofen und Ebenwies entstanden Schleusen dieser Art, um die Schiffbarkeit zu vereinfachen und zu beschleunigen. Die immer wieder instand gesetzte Kammerschleuse mit ihren hölzernen Schleusentoren ist noch heute voll funktionsfähig, auch wenn die aktuellen Schiffe vorwiegend von Freizeitkapitänen befehligt werden. Als Wasserstraße wird die Naab nicht mehr benötigt.

So einfach die Konstruktion auch ist, sie erfüllt dennoch ihren Zweck. Ein Schiff fährt bei einseitig geöffneten Toren in die Schleuse, deren Pegel mit dem des Flusses identisch ist. Die Tore werden geschlossen, der Pegel wird an den des Flusses, der jenseits der Schleuse ein Gefälle überwunden hat, angeglichen. Die Ausfahrtstore werden geöffnet, das Schiff hat mühelos die Stromschnellen überwunden. Bei Heitzenhofen kann man erleben, wie es die Eisen- und Holzschiffer über 170 Jahre lang gemacht haben.

Adresse Heitzenhofen, 93182 Duggendorf-Heitzenhofen | **Pkw** A3, Ausfahrt Laaber, dann in Richtung Brunn auf der Staatsstraße 2235 bis nach Heitzenhofen und dort fragen | **Tipp** Das Hammergut Heitzenhofen und das alte Wasserkraftwerk in unmittelbarer Nähe sind sehenswert.

36 Der Mittelpunkt Europas

49° 45' 26.11« N und 12° 21' 42.05« O

Für Seeleute und Küstenbewohner sind Positionsangaben mit Hilfe von Längen- und Breitengraden eine Selbstverständlichkeit. Landratten tun sich da schon schwerer, selbst der simple Unterschied zwischen besagten Graden ist nicht jedem klar. Einen Ort aufgrund dieser Angaben zu finden ist für die breite Mehrheit unmöglich, aber zum Glück im Allgemeinen auch unnötig. Konservative behelfen sich mit Landkarten, Progressive mit dem Navi. So oder so führt sie der Weg zu einer Granitplatte nach Hildweinsreuth. Sofern sie zum geografischen Mittelpunkt Europas wollen.

Dieses Vorhaben ist generell nicht so einfach, da es gleich mehrere geografische Mittelpunkte dieser Art gibt. Rund 40 Kilometer entfernt, in Neualbenreuth an der Grenze zu Tschechien, befindet sich bereits der nächste Mittelpunkt Europas. Allerdings stammen die Berechnungen aus den Zeiten der K.u.K.-Monarchie und folgen anderen Kriterien. In Tschechien geht der Reigen munter weiter, dort etwa beansprucht Budweis den Titel. Aber auch in der Ukraine, in der Slowakei und sogar in Litauen erheben Orte Anspruch, besagter Mittelpunkt zu sein. Lokalpatriotische Amateure kommen noch zu ganz anderen Ergebnissen. Der aktuelle Mittelpunkt in Hildweinsreuth wurde indes 1981 vom Institut für Geografie der Technischen Universität München berechnet, und es gibt gute Gründe, das Ergebnis einfach zu akzeptieren.

Als Markierung des nicht unumstrittenen Punktes wurde 1985 eine leicht konvexe Granitplatte in den Boden eingelassen. Die Kugelform symbolisiert die Erde, während die Platte selbst das geografische Europa zeigt. Der gewählte Ausschnitt mit Hildweinsreuth in der Mitte erlaubt Rückschlüsse auf die Kriterien der Festlegung gerade dieses Punktes. Trotz der nicht unerheblichen Entfernung zu Brüssel kann man sich hier als Europäer fühlen. Der Ort wird daher auch immer wieder für entsprechende Treffen und proeuropäische Veranstaltungen genutzt.

Adresse Hildweinsreuth, 92696 Flossenbürg | Pkw A 6, Ausfahrt Vohenstrauß-West, dann in Richtung Flossenbürg auf der Staatsstraße 2166, in Floß rechts in die Flossenbürger Straße bis nach Hildweinsreuth, dort der Beschilderung folgen | Tipp Die Burg Flossenbürg und die KZ-Gedenkstätte Flossenbürg sollte man sich ansehen.

37 Der Aussichtsturm Rödlas

Im Dreieck über den Wäldern

Der Turm ist einer der eigenwilligsten Türme überhaupt. Der Grundriss basiert auf einem Dreieck, in das drei Aussichtsplattformen mit dreieckiger Form in unterschiedlicher Höhe hineingearbeitet sind. Das ganze Betonbauwerk ist also eine Dreieckskomposition. Entworfen haben den Turm die Architekten Xaver Steinkirchner und Hans Kohl im Auftrag des Oberpfälzer Waldvereins. Errichtet wurde der Turm 1976 bis 1977. Die Idee jedoch ist wesentlich älter, denn schon 1902 planten einige Bürger, an dieser Stelle einen Aussichtsturm zu bauen. Das Vorhaben scheiterte aber an den finanziellen Mitteln. Erst dem Oberpfälzer Waldverein gelang es, die benötigten Gelder durch Spenden und Zuschüsse aufzutreiben.

Aber auch Türme altern und benötigen eine Sanierung. Von diesem Schicksal blieb auch der Aussichtsturm Rödlas nicht verschont. Wieder stellte sich die Frage der Finanzierung, die ab den 1990er Jahren gleich von mehreren Mobilfunkbetreibern beantwortet wurde. Denn der Turm eignet sich auch als idealer Standort für Mobilfunkantennen. Anderenfalls hätte man eigens einen Turm bauen müssen. So konnte das vorhandene Gebäude genutzt werden, auch wenn in die Sanierung investiert werden musste. Wer sich also an den auffälligen Antennen auf dem Dach stört, sollte diesen Zusammenhang nicht vergessen.

Hat man die 147 Stufen geschafft, es können nach anderer Zählweise auch 158 sein, wird man mit einem überwältigenden Blick belohnt. Einziger Wermutstropfen sind die umliegenden Bäume, die hier und da einen 360-Grad-Panoramablick verhindern. Dennoch sieht man im Norden Parkstein und den Rauhen Kulm, im Süden Hirschau und den Monte Kaolino, im Westen Vilseck und im Osten Fahrenberg bis hinein nach Tschechien. Bei guter Sicht ist sogar der Große Arber zu sehen. Aber nicht einzelne Orte machen den Reiz aus, sondern die gesamte Landschaft der Oberpfalz, die einem hier zu Füßen liegt.

Adresse zwischen Hirschau und Massenricht bei dem kleinen Ort Rödlas, 92242 Hirschau | Pkw A 6, Ausfahrt Amberg-West, dann in Richtung Hohenburg/Kastl auf der B 299, hinter Ammersricht nach rechts auf die Staatsstraße 2238 bis nach Hirschau, dort nach rechts auf die B 14 und am Ortsausgang nach links auf die AS 18, die nach Massenricht führt | Tipp Der künstliche Berg Monte Kaolino mit seinen Freizeitangeboten und Kunstausstellungen lohnt einen Besuch.

38_Die Residenz des King

Auf Elvis' Spuren

Am 1. Oktober 1958 begann für die deutschen Fans von Elvis Presley eine neue Zeitrechnung, denn an diesem Tag traf der King in Bremerhaven ein, um in der Bundesrepublik seinen Militärdienst zu absolvieren. Der Star des Rock 'n' Roll, das amerikanische Idol, war endlich zum Greifen nahe. Vor allem in Hessen, wo er in Friedberg stationiert war, aber auch in Naumburg, wo er wohnte. Ab und zu reiste er auch durchs Land und besuchte etwa München und Wiesbaden. Wo immer er in der Öffentlichkeit entdeckt wurde, scharten sich die Fans um ihn.

Vom 3. November bis zum 22. Dezember 1958 nahm er an einem Manöver in Grafenwöhr teil und hinterließ seine ersten Spuren in der Oberpfalz. Zwei Journalisten aus Weiden gewährte er ein 20-minütiges Interview. Im Kultur- und Militärmuseum in Grafenwöhr stößt man in einer kleinen Elvisabteilung auf die original Musicbox, die der 23-Jährige oft in der Kaserne in Betrieb setzte.

Im Januar 1960 kam Presley erneut nach Grafenwöhr, um am Manöver »Operation Snowshield« teilzunehmen. Kreuz und quer kurvte er dabei mit seinem Jeep durch die Winterlandschaft. In Hirschau traf er am 5. Februar ein. Nicht zuletzt, um sich aufzuwärmen, suchte er das Gasthaus »Goldenes Lamm« auf, schnell umringt von Kindern und Teenagern, die den King natürlich sofort erkannten. Ganz im Gegensatz zum Lokalreporter Sepp Anderl Müller, der den Offizier nur deshalb fotografierte, weil ihm die Fans versicherten, der Amerikaner sei ein großer Star. Auch im Gasthof »Goldener Hirsch« kehrte Elvis ein und sorgte für Aufsehen.

In Amberg und Weiden machte Elvis ebenfalls Station, fast immer sofort von Fans entdeckt und umringt. Wie Perlen auf einer Schnur lassen sich seine Besuche in Oberpfälzer Städten aufreihen, denen 2012 sogar eine viel beachtete Sonderausstellung in Burglengenfeld gewidmet war. Andererseits kann man auch einfach vor Ort seinen Spuren folgen.

Adresse Hauptstraße, 92242 Hirschau | **Pkw** A 6, Ausfahrt Amberg-West, dann in Richtung Hohenburg/Kastl auf der B 299, hinter Ammersricht nach rechts auf die Staatsstraße 2238 bis nach Hirschau, dort rechts auf die Nürnberger Straße und dann links in die Schönbrunnerstraße, die die Hauptstraße kreuzt | **Öffnungszeiten** siehe Aushang der Gasthäuser »Goldenes Lamm« und »Goldener Hirsch« | **Tipp** Der Aussichtsturm Rödlas, siehe auch Kapitel 37 in diesem Buch, gewährt einen guten Überblick über das temporäre Königreich von King Elvis.

39 Der Vierzehn-Nothelfer-Altar

18 Heilige gegen die Pest

Im 15. Jahrhundert kam der Schwarze Tod nach Hirschau und forderte viele Opfer. Die Menschen besannen sich auf die 14 Schutzheiligen der katholischen Kirche, die zum Teil schon seit den Tagen der Christenverfolgung im alten Rom verehrt wurden. Namentlich sind dies Blasius, Dionysius, Erasmus, Barbara, Katharina, Margaretha, Achatius, Eustachius, Georg, Ägidius, Pantaleon, Cyriacus, Christophorus und Vitus. Der ideale Ort, um sie um Hilfe zu bitten, war die Vierzehn-Nothelfer-Kirche in Hirschau. Wahrscheinlich ist die Pest sogar der Grund für ihren Bau, doch belegt ist dies ebenso wenig wie ein entsprechendes historisches Datum. Erst 1522 wird die kleine Kirche erstmals urkundlich erwähnt. Ende des 17. Jahrhunderts wurde sie umgebaut und erhielt 1884 auch noch ein Türmchen mit zwei Glocken.

Der Schatz der Vierzehn-Nothelfer-Kirche ist der 1710 vom Amberger Bildhauer Johann Hirschl geschaffene Hochaltar, der die gesamte Ostwand einnimmt. Umrankt von den Blattornamenten eines goldenen Akanthusschnitzwerks, sind 18 Figuren zu erkennen, darunter fast alle 14 Nothelfer. Drei weitere Figuren stellen die Heiligen Rochus, Sebastian und Florian dar. Die 18. Figur ist Maria. Einer der 14 Nothelfer, der heilige Eustachius, fehlt allerdings im Original, denn er wurde 1972 ebenso gestohlen wie mehrere Engelsköpfe sowie die jetzt ebenso wieder nachgeschnitzten vier Evangelisten, die die Kanzel schmückten. Im Zuge der Renovierung 1984 wurden die leeren Nischen im Altarraum durch neue Figuren ausgefüllt, darunter Franz von Assisi und die heilige Elisabeth.

Weitere Besonderheiten sind die 1768 von dem Amberger Meister Josef Adam Funtsch gebaute Orgel sowie die ebenfalls aus dem 18. Jahrhundert stammenden Ölbilder der zwölf Apostel und von Maria, Paulus und Jesus. Doch wie so oft ist es die Kirche als Ganzes, die einen Besuch lohnt, und nicht nur ausgewählte Kleinodien.

Adresse Hauptstraße 94, 92242 Hirschau | **Pkw** A 6, Ausfahrt Amberg-West, dann in Richtung Hohenburg/Kastl auf der B 299, hinter Ammersricht nach rechts auf die Staatsstraße 2238 bis nach Hirschau, dort rechts auf die Nürnberger Straße und dann links in die Schönbrunner Straße, die die Hauptstraße kreuzt | **Tipp** Die Pfarrkirche Mariä Himmelfahrt, die auf das 15. Jahrhundert zurückgeht, ist ebenfalls sehenswert.

40 Der Gasthof »Zur Roten Amsel«

Das »Künstlerheim« in der »Perle des Naabtals«

Den Anfang machte der aus Aschersleben in Sachsen-Anhalt stammende Maler Charles Johann Palmié (1863–1911). Auf der Suche nach geeigneten Motiven stieß er 1901 auf Kallmünz und ließ sich dort für einige Zeit nieder. Er war zwar nicht der erste, aber der bekannteste Maler, der sich in den Ort verliebte. Als Quartier wählte er einen Gasthof, dem er auch gleich einen neuen Namen verlieh: Zur Roten Amsel. Ein Bild des Malers von einer rothaarigen Sängerin soll ihn zu diesem Namen inspiriert haben. Und damit sein neues Domizil auch als Wohnsitz eines Künstlers erkennbar war, gestaltete er die Außenfassade mit Hilfe von Studenten aus München. Durch diese Tat wurde Kallmünz mehr oder weniger offiziell der Status einer Künstlerkolonie verliehen.

In dem auch »Künstlerheim« genannten Gasthof gaben sich nun bekannte und unbekannte Maler die Klinke in die Hand. Im Mai 1903 entschied sich der russische Maler Wassily Kandinsky (1866–1944), mit sechs seiner Studenten den Sommer in Kallmünz zu verbringen. Der Gasthof »Zur Roten Amsel« war natürlich die erste Adresse. Vom 5. Juni bis zum 12. August erforschten er und seine Gefolgschaft das Naabtal.

Am 19. Juni folgte ihm eine Münchner Freundin nach Kallmünz, die Malerin Gabriele Münter (1877–1962), und wohnte natürlich auch im »Künstlerheim«. Dort wurde die ohnehin schon bestehende Beziehung zwischen beiden so eng, dass sie sich schließlich verlobten. Heimlich, versteht sich, denn Kandinsky war ein verheirateter Mann. Die große Sorge des Paares war es, dass ihre Liebe von den anderen Künstlern entdeckt werden könnte. Eines der künstlerischen Dokumente jener Zeit ist Kandinskys Bild »Gabriele Münter beim Malen in Kallmünz«, das in München im Lenbachhaus hängt.

Adresse Vilsgasse 46, 93183 Kallmünz, www.zur-roten-amsel.de | **Pkw** A 3, Ausfahrt Beratzhausen, dann in Richtung Kallmünz auf der Staatsstraße 2041 bis nach Kallmünz | **Öffnungszeiten** mittags bis 14 Uhr und abends ab 17 Uhr geöffnet, Mo und Sa Ruhetag | **Tipp** Die Burg hoch über dem Ort bietet einen phantastischen Blick über das Naabtal.

41 Die Steinerne Brücke

Die kleine Schwester der Regensburger Brücke

Die Steinerne Brücke mit ihren insgesamt 14 Bögen ist bekanntlich eines der Wahrzeichen der Stadt Regensburg. Zwischen 1135 und 1146 erbaut, gilt sie als technisches Meisterwerk des Mittelalters, das die Zeit trotz vieler Kriege überdauert hat. Selbst die Schäden, die die Sprengungen des Zweiten Weltkrieges noch in den letzten Tagen angerichtet haben, konnten wieder behoben werden. Die Steinerne Brücke steht noch immer, auch wenn sie nicht mehr als Ganzes im Originalzustand ist. Aber welche Brücke aus dem Mittelalter ist das schon.

Eine Steinerne Brücke führt bei Kallmünz über die Naab. Auch wenn sie nur fünf Bögen vorzuweisen hat, ist ohne Mühe zu erkennen, dass die gleichnamige Regensburger Brücke als Vorbild gedient hat. Die Kallmünzer Brücke ist gewissermaßen die kleine Schwester. Erbaut wurde sie von 1549 bis 1558 und besaß ursprünglich sieben Bögen. Drei der Bögen fielen dem Frost zum Opfer, denn Ende des 18. Jahrhunderts sorgten kalte Winter für starken Eisgang auf der Naab. Aber wie es sich gehört, wurden die Bögen ersetzt. Wie die große Schwester entging auch die kleine Steinerne Brücke nicht dem Zweiten Weltkrieg. Um den Vormarsch der alliierten Truppen zu behindern, sprengte die Wehrmacht Teile der Brücke. Eine völlig sinnlose Tat, ebenso wie die Sprengung in Regensburg. Von 1974 bis 1976 wurde die kleine Schwester umfassend saniert.

Somit ist auch die Steinerne Brücke von Kallmünz nicht komplett im Originalzustand, aber weiterhin ein technisches Denkmal ersten Ranges und wie der ganze Ort einen Besuch wert. Und gerade bei diesem Besuch ist es die Brücke, die schnell übersehen wird, hat doch Kallmünz mit seiner Burgruine oder dem weithin bekannten »Haus ohne Dach« gleich mehrere Highlights zu bieten. Apropos Burgruine. Von dort oben hat man einen ganz besonders guten Blick auf die Brücke und erkennt auch ihre historische Bedeutung für den Ort.

Adresse 93183 Kallmünz | **Pkw** A3, Ausfahrt Beratzhausen, dann in Richtung Kallmünz auf der Staatsstraße 2041 bis nach Kallmünz | **Tipp** Das »Haus ohne Dach« in der Ortsmitte kann jedoch nur von außen besichtigt werden.

42 Die 69 Wappen

… und andere Geheimnisse der Klosterkirche

Nach Angaben des Klosters wurde die Benediktinerabtei 1098 gegründet und erlebte bis zum 16. Jahrhundert einen rasanten Aufstieg zu einem der führenden und reichsten Klöster des Reiches. Die Reformation beendete diesen Höhenflug. Auch Jesuiten und Malteser konnten später das Kloster nicht zu seiner alten Blüte zurückführen. Die 1129 vollendete und ursprünglich romanische Klosterkirche erhielt im 15. Jahrhundert gotische Elemente. Die Säkularisation zu Beginn des 19. Jahrhunderts machte aus der Anlage einen weltlichen Bau.

Als 1902 die Klosterkirche restauriert wurde, staunten die Arbeiter nicht schlecht, als unter dicker Farbe plötzlich 69 gemalte Wappen auftauchten. Nach einigem Rätselraten fanden Fachleute eine Erklärung. Schnell waren die Wappen verschiedenen Oberpfälzer Adelsgeschlechtern zugeordnet, die offenbar das Kloster finanziell und auch sonst unterstützt hatten. Als Dank hatten die Benediktiner die Wappen der Familien zu einem Fries in der Klosterkirche zusammengefasst. Nachdem die Jesuiten 1636 das Kloster übernommen hatten, ließen sie die für sie bedeutungslosen Wappen einfach unter weißer Farbe verschwinden. Seit ihrer Wiederentdeckung machen sie die ehemalige Klosterkirche zu einer Besonderheit, denn einen vergleichbaren Fries gibt es nur noch in der Klosterruine Maulbronn in Baden-Württemberg.

Warum die Mönche diese Art der Anerkennung wählten, bleibt ein Geheimnis. Das gilt auch für die Mumie von Anna, der etwa dreijährigen Tochter von Ludwig dem Bayern. Nach ihrem plötzlichen Tod am 29. Januar 1319 wurde sie in der Klosterkirche bestattet. Warum ihre Leiche mumifiziert und ab 1715 öffentlich ausgestellt wurde, ist noch nicht genau geklärt. Nach einer umfassenden Konservierungsmaßnahme kann die kleine Anna seit Januar 2014 wieder in der Klosterkirche hinter Glas besichtigt werden – allerdings nichts für Zartbesaitete.

Adresse Klosterburg 4, 92280 Kastl | **Pkw** A 6, Ausfahrt Alfeld, dann in Richtung Lauterhofen auf der Staatsstraße 2236, hinter Lauterhofen nach links auf die B 299 bis nach Kastl, dort links abbiegen auf den Marktplatz und nach rechts in die Klosterbergstraße | **Öffnungszeiten** Klosterburg ist frei zugänglich, die Kirche zu gängigen Zeiten | **Tipp** Die Schweppermannsburg des berühmten Ritters Seyfried Schweppermann (1257–1337) im Ortsteil Pfaffenhofen.

43 Der Phantastische Karpfenweg

Der Weg ist das Ziel

Erbauliche Wege aller Art gibt es viele, allen voran den berühmten Jakobsweg, der bekanntlich Santiago de Compostela zum Ziel hat. Die Gesamtlänge aller Strecken kann allenfalls geschätzt werden. Die Länge des Phantastischen Karpfenwegs in Kemnath steht hingegen fest. Exakt 2,8 Kilometer ist der Rundweg um die Altstadt lang, der zu verschiedenen Sehenswürdigkeiten führt. Genauer gesagt weisen Karpfen den Weg, die an markanten Plätzen unübersehbar die Blicke auf sich ziehen.

Die Wahl fiel nicht zufällig auf den Karpfen, der in Kemnath mehr ist als nur ein symbolträchtiges Tier. Denn hier und im Landkreis Tirschenreuth wird der Speisefisch seit mehr als tausend Jahren in mehr als tausend Teichen gezüchtet. Somit gilt die Region als ältestes Karpfenzuchtgebiet Europas. Grund genug, Künstler aus ebendieser Region zu bitten, etwa zwei Meter lange Karpfen zu gestalten, die den Rundweg um die Stadt markieren. Das von der »Arbeitsgemeinschaft Fisch« 2004 initiierte Projekt stieß auf großes Interesse. Mehr als 70 Vorschläge wurden innerhalb kurzer Zeit eingereicht. Sogar auf der »Grünen Woche« in Berlin sorgte die Aktion für Aufsehen.

Der erste Karpfen steht an der Einfahrt zur Altstadt und weist den Weg zum Stadtweiher. Jeder Karpfen trägt einen Namen und eine Hinweistafel mit allen notwendigen Informationen. Hinter dem Kloster vorbei führt der Weg zum Wehr, zum Falkensteinpark, am Löhlabach und am Eisweiher vorbei zurück zum Eingang der Altstadt. Ein kurzweiliger Rundweg, der dem Besucher nicht nur Kemnath näherbringt, sondern auch den Karpfen und die Kunst. Jedem Künstler gelingt es, den Karpfen neu zu erfinden, neu zu deuten und das Augenmerk auf die Tradition der Zucht zu lenken. Es empfiehlt sich, den Rundgang vor dem Essen zu absolvieren, um sich anschließend in einem der Wirtshäuser noch intensiver mit dem Karpfen zu befassen.

Adresse Bayreuther Straße, 95478 Kemnath | Pkw A 9, Ausfahrt Bayreuth-Süd, dann in Richtung Kemnath auf der B 22, am Kreisverkehr auf die Bayreuther Straße und geradeaus in die Stadt fahren | Tipp Wenige Kilometer entfernt befindet sich die Burg Waldeck, die zu den ältesten in der Oberpfalz zählt.

44 Das Märchenschloss

Grimm und Andersen in der Gründerzeitvilla

Nicht nur Eisen und Silber gehören zur Geschichte der Oberpfalz, sondern auch Glas. Ab 1300 entstanden vor allem im Südosten der Region zahlreiche Glashütten, so auch in Lam und Lohberg. Und wer sein Geschäft verstand, konnte durchaus ein Vermögen machen. Wie etwa Albert und Lina Willmann, die sich in Lambach 1905 eine Jugendstilvilla bauen ließen. Die letzte Glashüttenherrenvilla im Landkreis Cham, umgeben von einem viele Hektar großen Anwesen. Das kinderlose Ehepaar überschrieb 1964 die Villa samt Grund und Boden dem Bistum Regensburg, das sich nicht weiter um die Villa kümmerte, die noch bis 1967 bewohnt war, dann verfiel und 1984 sogar abgerissen werden sollte.

In letzter Minute gelang es der Familie Schleyerbach, die Villa 1987 in Erbpacht zu übernehmen und nach und nach zu sanieren. Ein wahrer Kraftakt, und das nicht nur finanziell. Heute befindet sich die Jugendstilvilla in Bestzustand. Doch zum Wohnen war die Villa viel zu groß. Außerdem sollte sie wirtschaftlich genutzt werden. Zunächst war ein Glasmuseum im Gespräch, doch dann hatten die neuen Besitzer eine ganz andere Idee und verwandelten die Villa in ein spätromantisches Märchenschloss. Diese Idee ist gar nicht so weit hergeholt, denn die Romantiker, zu denen auch Jakob und Wilhelm Grimm und Hans Christian Andersen gehörten, liebten das Mittelalter und beschrieben es in künstlichen Burganlagen und Ruinen in ihren Märchen.

In der Glashüttenherrenvilla ließen die Schleyerbachs die Märchenwelt wieder aufleben. Vom Obergeschoss bis zum Keller sind Schlüsselszenen aus 22 Märchen mit lebensgroßen Figuren nachgestellt, wobei es gelang, den üblichen Kitsch in diesem Kontext zu vermeiden. Das Gebäude, das Interieur und die mit Kostümen ausgestatteten Figuren ergänzen sich zu einer sehenswerten Einheit. Manche Märchen werden eben doch wahr. Der Besucher fühlt sich jedenfalls wie in Tausendundeiner Nacht.

Adresse Lambach 18, 93462 Lam | Pkw A 6, Ausfahrt Amberg-Ost, dann in Richtung Cham auf der B 85, bei Chamerau auf die Staatsstraße 2132 wechseln, sie geht in die Lambacher Straße über, die direkt zum Ziel führt | Öffnungszeiten täglich 10–17 Uhr | Tipp Der Große Arber, mit 1.455 Metern der höchste Berg des Bayerischen Waldes, ist in Sichtweite und ein gutes Ziel.

45 Der Kerker der Burgruine

Schaurig-schön

Die Burgruine Leuchtenberg gilt als die größte und am besten erhaltene Burgruine der Oberpfalz. Erbaut wurde die Burg um das Jahr 1300 und 1646, nach dem Tod von Max Adam, dem letzten Landgrafen, aufgegeben. Dass die Burg während des Dreißigjährigen Krieges mehrfach geplündert wurde, versteht sich fast von selbst.

Ein verheerender Brand verwandelte die Burg schließlich 1842 in eine Ruine. 1882 traf auch noch ein Blitz den Bergfried. Der heutige Zustand ist den umfangreichen Erhaltungs- und Restaurationsarbeiten zu verdanken, mit denen 1902 begonnen wurde und die bis in die Gegenwart reichen. Die Ruine dient seit 1982 als Spielort des Landestheaters Oberpfalz.

Bei vielen Burgen und Ruinen sind Palas und Bergfried zugänglich, nicht jedoch die Kellergewölbe. Die Aussicht, so scheint es, ist immer wieder aufs Neue das Beeindruckendste an einer Burganlage. Das ist in Leuchtenberg nicht anders. Aber hier lohnt sich auch ein Blick in die Unterwelt der Burg, die zudem auch noch frei zugänglich ist. Die Kellergewölbe vermitteln nicht nur einen Eindruck von der mittelalterlichen Bauweise der Höhenburg, sondern von dem mitunter finsteren Alltag auf der Burg. Denn im diffusen Licht von Fackeln und Kerzen verbrachten auch Gefangene schlimme Stunden und Tage. Die wenigen Requisiten wie Pranger und Käfige jagen dem Besucher kalte Schauer über den Rücken.

Nach dem Ausflug in die Unterwelt sollte man sich bewusst machen, dass die Burgherren in ihren kalten und kargen Gemächern nicht viel besser und schon gar nicht im Luxus lebten. Die romantische Verklärung des mittelalterlichen Lebens hat dafür gesorgt, dass sich falsche Vorstellungen bis heute halten. Bäder und andere Annehmlichkeiten findet man weder im Keller noch im Palas. Am Ende bleibt natürlich die Aussicht, die für die Burgherren jedoch in erster Linie von militärischer Bedeutung war.

Adresse 92705 Leuchtenberg | **Pkw** A 6, Ausfahrt Leuchtenberg, dann in Richtung Leuchtenberg auf der B 22, links nach Leuchtenberg abbiegen | **Tipp** Der Felsturm »Teufels Butterfass« bei Burgmühle passt wunderbar zur Ruine.

46 Die Kunst aus der Kirche

Vom Gotteshaus zur Glashütte

Wer in Lohberg an der kleinen Kirche in der Brennesstraße vorbeifährt, sieht einen spätbarocken Sakralbau aus dem späten 17. Jahrhundert mit gewalmtem Steildach, auf dem eine Zwiebelhaube thront. Der Einfluss des Rokoko ist spürbar. Nichts Außergewöhnliches für ein Land wie Bayern. Eine Kirche wie viele andere. Unwillkürlich fahndet das Auge nach dem üblichen Hinweisschild, das die Termine für die Gottesdienste angibt. Diesmal aber irrt der Betrachter, denn das gepflegte Gebäude sieht nur aus wie eine Kirche, ist in Wahrheit aber eine Glashütte.

Als Kirche dient das Gebäude schon seit 1883 nicht mehr, da es Opfer der Säkularisierung geworden ist. Und fast wäre die Kirche auch noch Opfer des Verfalls geworden, wäre der renommierte Glaskünstler Theodor Sellner nicht auf die Idee gekommen, ausgerechnet hier eine Glashütte einzurichten. Im Juni 1998 wurde die Eröffnung gefeiert.

Historisch betrachtet ist die alte Kirche die 17. Glashütte im Lohberger Raum und die einzige, die derzeit betrieben wird. Alle anderen an der sogenannten Glasstraße gelegenen Glashütten sind längst Geschichte. Andererseits bezieht sich Sellner genau auf diese Geschichte, in die sich die alte Kirche einreiht.

2003 begann Sellner, sich aus Altersgründen aus der Glashütte zurückzuziehen, und fand in Hubert Hödl den idealen Nachfolger. Seit 2007 führt er die Glashütte in eigener Regie und fertigt Glaskörper an, die ihresgleichen suchen. Farbige Vasen, die dank Fadentechnik phantastische Muster aufweisen. Mit Hilfe der Graltechnik erzählt Hödl auf anderen Vasen ganze Bildergeschichten. Neben Hödls Arbeiten werden in der kleinen Galerie der Glashütte auch Werke von Elke Frisch und Herbert Kufner angeboten. Doch auch sie wurden in der alten Kirche hergestellt, wie es das von Sellner geprägte Konzept vorsieht. Die Kombination aus Kirche und Glashütte hat sich jedenfalls in jeder Hinsicht bewährt.

Adresse Brennesstraße 1, 93470 Lohberg, www.glashuette-alte-kirche.de | Pkw A 6, Ausfahrt Amberg-Ost, dann in Richtung Cham auf der B 85, bei Chamerau auf die Staatsstraße 2132 wechseln, die zur Staatsstraße 2154 wird und direkt nach Lohberg führt, am Ortseingang links in die Brennesstraße | Öffnungszeiten Mo–Fr 10–17 Uhr, Sa 10–16 Uhr | Tipp Nicht weit entfernt in Lohberg findet man die Galerie Bayerischer Wald mit Kunst aus der Region.

47 Das Beinhaus von Perschen

Wo Jesus seit 900 Jahren Gericht hält

Perschen liegt nur ein paar Kilometer von Nabburg entfernt unmittelbar an der Naab. Zentrum des kleinen Dorfes ist unverkennbar die Basilika Peter und Paul, die aus dem 12. Jahrhundert stammt. Der dreischiffige romanische Bau mit seinen Doppeltürmen wurde anstelle eines Vorgängerbaus errichtet. Schon allein die Kirche, die um 1750 im Stil des Barock umgestaltet wurde, ist einen Besuch wert.

Hinter der Kirche, vom Parkplatz vor dem Edelmannshof aus gesehen, steht ein kleiner, aber auffälliger Rundbau, der ebenfalls im 12. Jahrhundert errichtet wurde. Er gilt als ältester Rundbau dieser Art in der Oberpfalz. Ursprünglich handelte es sich um eine Kapelle, in der die Friedhofsbesucher beten konnten. Später wurde der untere Teil als Karner oder Beinhaus genutzt.

Lange Zeit schaffte die Gemeinde Platz auf dem Friedhof, indem die Gebeine längst Verstorbener ausgegraben wurden. Die Knochen wurden dann im Karner gelagert, während das geleerte Grab neu vergeben werden konnte. Um 1900 endete dieser Brauch, und die Knochen wurden in einem Sammelgrab bestattet. Die Kapelle ist dem heiligen Michael geweiht und besitzt außergewöhnlich gut erhaltene romanische Wandmalereien (in Secco-Technik erstellt, also auf den bereits trockenen Putz aufgetragen), die Jesus inmitten von Engeln zeigen, wie er die Toten vor das Jüngste Gericht zitiert. Auch Maria und die zwölf Apostel sind abgebildet. Trotz der annähernd 900 Jahre, die die Kuppel überdauert hat, sind die Malereien noch immer gut zu erkennen und wirken lebendig.

Beinhäuser sind äußerst seltene Gebäude. Noch dazu ist das von Perschen frei zugänglich. Sollte es verschlossen sein, ist der Schlüssel nebenan im Edelmannshof erhältlich, der auch schon als Pfarrei gedient hat. Seit 1964 beherbergt er das Oberpfälzer Bauernmuseum beziehungsweise ist ein Standort des Oberpfälzer Freilandmuseums Neusath-Perschen.

Adresse Alfons-Haseneder-Weg, 92507 Nabburg | Pkw A 99, Ausfahrt Nabburg, über die Oberviechtacher Straße und Perschener Straße nach Perschen | Öffnungszeiten fast immer, von Sonnenaufgang bis Sonnenuntergang | Tipp Das bereits genannte Oberpfälzer Bauernmuseum ist immer einen Besuch wert.

48 Das Schmidt-Haus

Gesamtkunstwerk und Szenetreff

»Diese Schmidts«, hatte der Schriftsteller Arno Schmidt einmal selbstironisch angemerkt und bezog sich dabei auf die außergewöhnlichen Leistungen von Mitgliedern der Schmidt-Namensfamilie. Auch bei Karl Schmidt (1891–1971) liegt er richtig. Als Sohn eines Arztes in Wolfratshausen geboren, kam der Künstler und Architekt 1923 nach Nabburg und bezog das sogenannte »Söldnerhaus« oder »Leonhardihaus« am Oberen Markt aus dem 16./17. Jahrhundert. Da er von seiner Kunst nicht leben konnte, arbeitete er als Bauschätzer für die Bayerische Versicherungskammer. Anlässlich der 1.000-Jahr-Feier Nabburgs versah er das Haus mit einem neuen Kratzputz, auch Sgraffito genannt. Dabei bemalte es der Künstler mit Figuren und Ornamenten und verlieh dem Haus seinen einmaligen Charakter. Im Zentrum steht Schmidts Motto »Carpe diem« (Nütze den Tag). Als Antrieb für seine Arbeit gab er immer wieder das »Bedürfnis, zu schaffen« an. Aus dem Söldnerhaus wurde das Schmidt-Haus und ein Blickfang.

Karl Schmidt blieb bis zu seinem Tode ein engagierter und bekannter Künstler. Sein Haus mitsamt seinem künstlerischen Nachlass vermachte er der Stadt, die es 2000 umfassend sanierte und 2001 als Museum und Kulturhaus einer neuen Bestimmung zuführte. Seitdem geben sich hier Künstler, Kabarettisten und Musiker die Klinke in die Hand. Dank der schmidtwürdigen Idee wurde das Schmidt-Haus zum Gesamtkunstwerk, das weitaus mehr zu bieten hat als seine Sgraffito-Fassade. Wer einen Blick auf das Programm wirft, merkt schnell, dass Schmidts Motto nicht übergangen wurde.

Das Schmidt-Haus bietet bildenden Künstlern ebenso ein Forum wie Kleinkünstlern, Kabarettisten und Musikern. Seit 1995 werden jährlich die »Schmidtsommernächte« veranstaltet, ein außergewöhnliches Kulturfestival, zu dem auch Filmvorführungen gehören. Das mehr als lohnende Programm findet man schnell – carpe diem – im Internet.

Adresse Oberer Markt 4, 92507 Nabburg | Pkw A 99, Ausfahrt Nabburg, über die Oberviechtacher Straße und Georgenstraße zum Oberen Markt | Öffnungszeiten unter www.schmidt-haus.com | Tipp Der auch Sterngarten genannte Biergarten des »Gasthofs zum Stern« bietet einen unvergleichlichen Blick über das Naabtal – und gutes Essen.

49 Der Teufelsschuh

Wo der Fürst der Finsternis die Stadtmauer zeichnete

Vor langer Zeit fasste der Burggraf zu Nabburg den Entschluss, für seine Diener und sein Gesinde eine Burgkapelle bauen zu lassen. Er rief den Hofbaumeister zu sich und ließ ihn einen Plan anfertigen. Umgehend wurde mit dem Bau begonnen, der dem Burggrafen so gut gefiel, dass er alle Edelleute und Ritter des Landes zur Weihe der Kapelle einlud. Kein Geringerer als der Bischof von Regensburg sollte die Zeremonie leiten. Am festgesetzten Tag trafen nach und nach die Gäste ein. Ganz Nabburg war auf den Beinen und freute sich. Bis auf den Teufel, der vom Gipfel des 673 Meter hohen Rotbühl aus das Treiben verfolgte. Als der Bischof mit der Segnung begann, packte ihn die nackte Wut. Er zog sich seinen linken Schuh vom Fuß und versuchte, damit die Kapelle zu treffen, die er jedoch verfehlte. Stattdessen schlug der Schuh in der Stadtmauer neben dem Obertor ein, wo er auch heute noch fest im Mauerwerk steckt.

So erklärt jedenfalls eine Nabburger Sage die Herkunft des »Teufelsschuh« genannten roten Steins in der Stadtmauer. Wer ihn finden will, muss genau hinsehen, denn die Nabburger haben darauf verzichtet, dem Teufel einen Gefallen zu tun und ein Hinweisschild aufzustellen. Aber wer sich dem markanten Obertor nähert, um die Innenstadt zu betreten, kann den roten Stein nicht verfehlen und weiß zugleich, welche Schuhgröße der Teufel hat. Es ist definitiv keine gängige, die in jedem Schuhladen erhältlich ist.

Das Obertor selbst ist ein zweigeschossiger, achteckiger Torturm aus dem 15. Jahrhundert, der 1567 seine heutige Form erhielt. Das zweite Tor neben dem gotischen Torturm entstand 1913, um auch größeren Fahrzeugen die Einfahrt in die Stadt zu ermöglichen. Zusammen mit den umliegenden Gebäuden, dem Bürgerspital, dem ehemaligen Pflegschloss und der Sankt-Laurentius-Kirche, bildet das Obertor ein sagenhaftes und sagenreiches Ensemble. Daran konnte auch der Teufel mit seinem Wurf nichts ändern.

Adresse Obertor/Spitalgasse, 92507 Nabburg | Pkw A 99, Ausfahrt Nabburg, über die Oberviechtacher Straße und Georgenstraße zum Obertor | Tipp Das Bürgerspital in der Spitalgasse ist sehenswert.

50 Der Zoigl

Einfach nur richtiges Bier

Jahrhundertelang kaufte man Bier nicht in Flaschen oder trank es in der täglich geöffneten Wirtschaft, sondern braute es selbst zu Hause. Das änderte sich erst, als kleine Brauereien gegründet wurden, von denen sich einige zu regelrechten Konzernen entwickelten. Heute braut niemand mehr sein Bier im häuslichen Keller. Die meisten Biertrinker versorgen sich in Kneipen oder im Getränkemarkt mit industriell hergestelltem Bier mit verlässlich reproduziertem Geschmack.

Niemand braut mehr sein Bier im häuslichen Keller? Ein wahrer Bierkenner wird hier sofort widersprechen. Denn in wenigen Regionen lebt diese Tradition ungebrochen fort, vor allem in der Oberpfalz. Dort gab es bereits vor dem Erlass des Reinheitsgebotes von 1515 eine eigene Bierordnung, die 1453 in Regensburg erlassen wurde. Der Zoigl wiederum, das Hausbier, wurde 1508 erstmals erwähnt und ist somit auch älter als das Reinheitsgebot.

Der Zoigl ist ein Gemeinschaftswerk, bei dem die Maische in einem Kommunbrauhaus von einem Braumeister angesetzt, gekocht und gehopft wird. Die Gärung erfolgt dann tatsächlich in privaten Kellern. Zoigl ist ein untergäriges, unfiltriertes und naturtrübes Bier mit weniger Kohlensäure als kommerzielles Bier. Ausgeschenkt wurde es früher von den Bürgern, die das Braurecht besaßen. Als Zeichen, dass das nur begrenzt haltbare Bier fertig war, hängten sie einen Bierstern vors Haus. Von diesem Zeichen = Zoigl ist der Name abgeleitet.

Die Zoigltradition lebt bis heute. In mehreren Zoiglstuben in Neuhaus, Falkenberg, Mitterteich, Windischeschenbach und anderen Orten kann man, zu bestimmten Zeiten, in den Genuss dieses echten, unverfälschten Bieres kommen, das immer ein bisschen anders schmeckt. Dazu gibt es eine deftige Brotzeit und ein Gemeinschaftsgefühl, das es so nur in Zoiglstuben gibt. Klassenunterschiede, Siezen und Platzreservierungen sind hier verpönt. Prost!

Adresse Zoiglstuben am Marktplatz und in der Burgstraße, 92670 Neuhaus (Windischeschenbach) | Pkw A 93, Ausfahrt Windischeschenbach, in Richtung Windischeschenbach auf der Staatsstraße 2181, dann links in die Schönfichter Straße nach Neuhaus | Öffnungszeiten Die Zoiglstuben haben nur geöffnet, wenn es Zoigl gibt, also etwa alle drei Wochen. Öffnungszeiten müssen erfragt werden. | Tipp Sehenswert ist der Schafferhof des Klosters Waldsassen in der Burgstraße 6, der aus dem 17. Jahrhundert stammt. Natürlich mit einem Bierkeller ausgestattet.

51 Der Jura-Zoo

Kaptriele und Emus am Ludwig-Donau-Main-Kanal

So groß die Oberpfalz auch ist, eine klassische Einrichtung scheint ihr auf den ersten Blick zu fehlen: Ein Zoo. Zugegeben, in Regensburg gibt es einen Reptilienzoo. Doch der zeigt, wie der Name schon sagt, ausschließlich Reptilien.

Fündig wird man indes in Neumarkt, denn dort hat die Familie Pelech 1989 ihren eigenen kleinen Zoo gegründet. Benannt hat sie ihn nicht etwa nach dem Jurassic Park Michael Crichtons, sondern nach dem Oberpfälzer Jura. Angefangen hat das riskante Unternehmen mit einer Handvoll exotischer Tiere. Heute leben auf 7.000 Quadratmetern rund 300 Tiere.

Kleine Privatzoos dieser Art beherbergen nicht selten bekannte und leicht zu haltende Tierarten, inklusive eines Streichelzoos für die Kleinen. Diese unverzichtbare Einrichtung findet man natürlich auch im Jura-Zoo. Doch auf dem Rundgang wird es dann richtig spannend. Hier stößt man etwa auf die aus Afrika stammenden Kaptriele, die zur Ordnung der Regenpfeiferartigen zählen und ausgesprochen selten in deutschen Zoos zu finden sind. Ebenso selten sind die Geierraben aus Zentral- und Südafrika. Die Emus stammen hingegen aus Australien und leben im Jura-Zoo mit Kängurus zusammen. 2014 konnte man sogar Emuküken bewundern, denn die Pelechs sind erfolgreiche Züchter.

Für Aufsehen hat in Fachkreisen die Nachzucht von Weißhandgibbons gesorgt, die aus Südostasien stammen. Die Zweigseidenäffchen wiederum sind in Südamerika beheimatet. Mit zwei Pärchen hatten die Pelechs ihre Zucht begonnen und können nun 28 Tiere vorweisen. In anderen Gehegen tummeln sich Nasenbären und Waldrappen, Zwergflamingos und Schildkröten. Insgesamt findet man einen kleinen, aber feinen Zoo vor, der sich ausschließlich über Eintrittsgelder und Spenden finanziert. Der Idealismus, der sich letztendlich hinter der Artenvielfalt und den Nachzuchten verbirgt, ist auf dem gesamten Gelände zu spüren.

Adresse Sulzbürger Straße 46, 92318 Neumarkt, www.jura-zoo.de | Pkw A 3, Ausfahrt Neumarkt, dann in Richtung Neumarkt auf der B 299 bis zur Kreuzung mit der B 8, auf diese links abbiegen und dann rechts in die Sulzbürger Straße | Öffnungszeiten Sommer: täglich von 10–18 Uhr, Winter: Di–So 10–16 Uhr | Tipp Die weithin sichtbare Burgruine Wolfstein bietet einen phantastischen Blick.

52 Die Kunst am Kanal

Natur trifft Skulptur

Der Ludwig-Donau-Main-Kanal verbindet Bamberg mit Kehlheim und verläuft somit quer durch die Oberpfalz. Gebaut wurde er von 1836 bis 1846 im Auftrag von König Ludwig I. von Bayern und wird daher auch schlicht Ludwigskanal genannt. Als Schifffahrtsweg hat er seit 1950 ausgedient und wird seitdem vorwiegend als 172 Kilometer langes Naherholungsgebiet genutzt.

Einige Kunstliebhaber kamen auf die Idee, dass der Ludwigskanal auch eine Art Freiluftgalerie darstellen könnte, und gründeten den Verein »Kunst am Kanal e. V.«. Natürlich kamen von vornherein nur Kunstwerke in Frage, die mit den Bedingungen am Kanal auch kompatibel waren. Die Entscheidung fiel daher auf wetterfeste Skulpturen. Nachdem alle rechtlichen Fragen geklärt waren, wurde als erster Künstler Professor Wolfgang Kirchmeyr aus Linz beauftragt. Er installierte im September 2003 die Skulptur »Stapelung 3« aus Lärchenholz nahe der Heinrichsbrücke bei der Gemeinde Berg. Im April 2004 folgte der slowenische Künstler Samo Skoberne mit der Skulptur »Kraftfeld«, die aus mit der Axt bearbeiteten Eichenhölzern besteht.

Acht Tonnen schwer und aus Granit ist die Skulptur »Himmelsleiter« von Hubert Maier aus München, die 2005 hinzukam. Hans Thurner und Ute Lechner sind für die Skulptur »Die Erde ist keine vollkommene Kugel« verantwortlich, die 2007 aufgestellt wurde. Professor Claus Bury ist mit der 14 Meter langen Betonskulptur »Schiffbar« vertreten und Timm Ulrichs mit den beiden Betonskulpturen »Einst Stein«.

Mit diesen sechs Werken sah der Verein das Vorhaben als abgeschlossen an und schenkte 2012 die Skulpturen der Gemeinde Berg. Wer Kunst einmal anders genießen will, braucht also nur an der richtigen Stelle dem Ludwigskanal zu folgen und wird voll und ganz auf seine Kosten kommen, vor allem, wenn er sich Zeit nimmt. Für einen schnellen Besuch sind die Skulpturen ohnehin nicht geeignet.

Adresse genaue Wegbeschreibung der Standorte unter www.landkreis-neumarkt.de | **Pkw** A 3, Ausfahrt Neumarkt, dann in Richtung Neumarkt auf der B 299, rechts in die Amberger Straße, dann links in den Evangelistenstein | **Tipp** Nicht weit entfernt ist die Fritz-Weithas-Sternwarte, die fast jeden Freitagabend geöffnet hat und Sternführungen und Vorträge bietet. (www.sternwarte-neumarkt.de)

53_Das Lieblingsauto Loriots

... und andere Maybäche

Die Autos, die Wilhelm Maybach und sein Sohn Karl zwischen 1920 und 1941 bauten, sind längst Legende und werden von Bewunderern in einem Atemzug mit den Fahrzeugen von Rolls-Royce genannt. Maybäche (auf diese Form des Plurals haben sich die Fans geeinigt) sind jedoch viel seltener. Ganze 1.800 Exemplare (nach anderen Angaben 2.300) wurden von der Maybach Motorenbau GmbH in Friedrichshafen am Bodensee angefertigt. Lediglich 160 Autos haben die Zeit überdauert und zeugen von den ästhetischen und technischen Qualitäten einer vergangenen Ära.

In über zwei Jahrzehnten hat das Sammlerehepaar Anna und Dr. Helmut Hofmann 16 Maybäche zusammengetragen. 16 Autolegenden, wenn man so will. Zu sehen sind die Ausnahmeoldtimer im weltweit einzigen Markenmuseum für Maybach-Fahrzeuge, das sich im Gegensatz zu anderen Markenmuseen in Privathand befindet. Neben hervorragend restaurierten und auf Hochglanz polierten Exemplaren, etwa einem »Maybach Zeppelin DS 8«, stößt der Besucher auch auf Ruinen und verrostete Scheunenfunde, die für das Schicksal vieler weiterer Maybäche stehen. Besonders spannend sind die Biografien der Exponate, die über die Vorbesitzer und somit die Geschichte der Fahrzeuge Auskunft geben. Bischöfe und Politiker zählen ebenso dazu wie Besatzungssoldaten oder Filmstars. Den »Maybach SW 38 Cabrio« etwa hat Jean-Paul Belmondo gefahren. Derselbe Maybach wiederum wäre auch das passende Auto für Vicco von Bülow alias Loriot gewesen. Ein Foto zeigt ihn mit dem Traumwagen.

Ein Traum ist auch das Gebäude, in dem sich das Museum befindet. Es war Teil der »Express Werke«, die hier zwischen 1884 und 1959 Fahrräder und Motorräder herstellten. Ein passenderes Ambiente hätten die Hofmanns kaum finden können. Die »Express Werke« werden übrigens durch eine kleine Ausstellung gewürdigt. Nach einem auch architektonisch sehr gelungenen Umbau wurde das Museum 2009 eröffnet.

Adresse Holzgartenstraße 8, 92318 Neumarkt, www.automuseum-maybach.de | **Pkw** A 3, Ausfahrt Neumarkt, dann in Richtung Neumarkt auf der B 299, rechts in die Amberger Straße, dann links in den Evangelistenstein, der Straße folgen bis zum Kreisverkehr, dort in die Kapuzinerstraße, links in die Ingolstädter Straße, dann rechts in die Holzgartenstraße | **Öffnungszeiten** Di–So 10–17 Uhr, im Winter von 11–17 Uhr | **Tipp** In der Schwesterhausgasse 8 befindet sich das Brauereimuseum, das, nüchtern betrachtet, viel zu bieten hat.

54 Der SPUR auf der Spur

Das Museum Lothar Fischer

SPUR war eine avantgardistische Künstlergruppe, die von 1957 bis 1965 bestand und die Kunstszene der jungen Bundesrepublik durcheinanderwirbelte. Ihre Mitglieder waren HP Zimmer, Helmut Sturm, Erwin Eisch, Heimrad Prem und Lothar Fischer, wobei Prem und Sturm aus der Oberpfalz stammen und Fischer dort aufgewachsen ist. Ihre seinerzeit als provokant empfundenen Aktionen und Ausstellungen fanden jedoch vorwiegend in München statt. Dort wurden sie vor allem von dem legendären Galeristen Otto van de Loo unterstützt. Doch so groß die internationale Anerkennung auch war, so vernichtend fiel das Urteil in München aus. 1961 beschlagnahmte das Sittendezernat der Kripo Schriften und Manifeste der Gruppe, die sich in einem der aufsehenerregendsten Gotteslästerungsprozesse verantworten musste. Quasi als späte Antwort schenkte van de Loo einen Großteil seiner privaten Sammlung 1990 der Nationalgalerie Berlin und 2000 der Kunsthalle Emden.

Neumarkt aber hatte Glück, zumal Lothar Fischer der Stadt seiner Jugend immer eng verbunden war. Denn nur sein erstes Lebensjahr verbrachte er in seinem Geburtsort Germersheim in der Pfalz. In den 1990er Jahren hatte Fischer den Bau eines Museums in Neumarkt selbst angeregt und war auf breite Unterstützung gestoßen. Leider konnte er die Eröffnung nicht mehr miterleben, denn er starb am 15. Juni 2004, ganze vier Tage vor der Eröffnungsfeier. Seinen kompletten Nachlass vermachte er der Stadt, die somit über eine einmalige Sammlung verfügt.

Das Museum zeigt auf 500 Quadratmetern rund 60 Arbeiten Fischers, widmet aber regelmäßig der SPUR Sonderausstellungen. Wer sich also mit der Künstlergruppe auseinandersetzen will, die Kunstgeschichte geschrieben hat, sollte nach Neumarkt fahren. Hinter dem Museum, auf dem Residenzplatz, steht übrigens eines der bekanntesten Werke Fischers, die Skulptur »Drei Reiter«.

Adresse Weiherstraße 7, 92318 Neumarkt, www.museum-lothar-fischer.de | **Pkw** A 3, Ausfahrt Neumarkt, dann in Richtung Neumarkt auf der B 299, rechts in die Amberger Straße, dann links in die Weiherstraße | **Öffnungszeiten** Mi–Fr 14–17 Uhr, Sa, So 11–17 Uhr | **Tipp** Der Residenzplatz, der vom Museum aus gut zu Fuß zu erreichen ist, ist einen Besuch wert.

55_Der Eixendorfer Stausee

Versunkene Dörfer und Bahnlinien

Die Schwarzach ist zwar nur 75 Kilometer lang, hat jedoch auf ihrem Weg in die Naab immer wieder für Überflutungen gesorgt. Um die Situation in den Griff zu bekommen und gleichzeitig Strom zu gewinnen, wurden gleich drei Stauseen gebaut. Der 80 Hektar große Perlsee entstand 1962 bei Waldmünchen. 1968 folgte der etwa gleich große Silbersee bei Treffelstein, und 1976 wurde der Eixendorfer Stausee fertiggestellt, der im Schnitt eine Fläche von 183 Hektar aufweist. Namensgeber ist der kleine Ort Eixendorf, der zusammen mit den ebenfalls kleinen Ortschaften Seebarnhammer, Höllmühle, Obermühle und Wutzschleife ganz oder teilweise im See versank. Die Bahnlinie, die das Tal durchzog, verläuft nun ebenfalls unter dem Wasser der Schwarzach.

Die Orte mussten aufgegeben werden, doch ihr Verlust wurde mit einem Gewinn belohnt, denn dank des Eixendorfer Stausees kann der Wasserstand der Schwarzach reguliert werden. Zumeist ist der Stausee nur zur Hälfte seines Fassungsvermögens gefüllt, sodass er bei starken Niederschlägen oder einer schnellen Schneeschmelze als Rückhaltebecken dienen kann. Ein Wasserkraftwerk liefert auch noch regenerierbare Energie für die Region.

Regenerieren aber können auch die Menschen, denn um den künstlichen See führen Wanderwege, für die man jedoch genügend Zeit einplanen sollte. Natürlich kann man auch auf dem See dessen Größe vermessen, sofern man segeln oder rudern kann. Und da sich die Fauna im Wasser prächtig entwickelt hat, kommen auch die Angler auf ihre Kosten.

Für ganz Eilige gibt es dann noch die Möglichkeit, auf einer neuen Brücke einfach quer über den See zu fahren. Aber das ist wirklich nur eine Notlösung, denn kaum ein künstlicher See ist so idyllisch gelegen. Wer seine Geschichte nicht kennt, glaubt, er sei schon immer da gewesen. Aber das täuscht. Die ehemaligen Bürger der versunkenen Orte wissen es nur zu genau.

Adresse Staatsstraße 2151, 92431 Neunburg vorm Wald | Pkw A 6, Ausfahrt Amberg-Ost, dann in Richtung Cham auf der B 85, vor der Autobahn auf die Staatsstraße 2157 wechseln, die nach Neunburg und zum Stausee führt | Tipp Das Rathaus und die Altstadt von Neunburg vorm Wald sind sehenswert.

56__Der Rauhe Kulm

Der Vulkan, der nie ausbrach

Vor rund 21 Millionen Jahren war die Oberpfalz nicht so ruhig und beschaulich wie heute. Im Untergrund brodelte es. Aus 50 Kilometern Tiefe bahnte sich 1.000 Grad Celsius heißes Magma einen Weg an die Erdoberfläche. Ein gewaltiger Vulkanausbruch stand bevor. Erste Beben erschütterten die Region. Doch der Weg nach oben war zu weit, das Magma kühlte ab, verlor an Energie und erstarrte schließlich in Form von Basaltsäulen. Der Vulkanausbruch fand nicht statt, die Erde beruhigte sich wieder.

Und dennoch blieb der unter der Erde verborgene, halb fertige Vulkan nicht für immer unsichtbar. Er kam schließlich doch noch an die Oberfläche, denn die über ihm liegenden Gesteinsschichten erodierten im Laufe von Millionen von Jahren. Mit unendlicher Langsamkeit tauchten die Basaltsäulen aus dem Boden auf, wobei viele von ihnen barsten. Heute bildet das Magma von einst einen Berg mit einer Höhe von 682 Metern. Eine ausgezeichnete Gelegenheit, sich einen halb fertigen Vulkan einmal aus der Nähe anzusehen. Oder von oben, denn auf dem Gipfel wurde 1987 ein 25 Meter hoher Aussichtsturm errichtet. Es ist übrigens bereits der fünfte Turm an dieser Stelle.

Unweit vom Rauhen Kulm steht der Kleine Kulm, der über eine vergleichbare geologische Geschichte verfügt. Historisch gesehen hat er jedoch ein anderes Schicksal erlitten, denn der Basalt des Kleinen Kulms wurde weitgehend abgebaut, um als Baustoff zu dienen. Die Vulkanruine wird daher vom Volksmund auch Schlechter Kulm genannt. Dennoch ist auch er einen Besuch wert, denn hier sind die inneren Werte des Restvulkans zugänglich, etwa das Tuffgestein, das die Basaltsäulen umgab.

Der Rauhe Kulm hingegen braucht Schönheitswettbewerbe nicht zu scheuen. 2013 ging er ins Rennen um »Deutschlands schönstes Naturwunder«, eine Auszeichnung, die die Heinz-Sielmann-Stiftung vergibt. Der Basaltblock gewann und löste den Vorjahressieger Helgoland ab.

Adresse 95514 Neustadt am Kulm | **Pkw** A 9, Ausfahrt Pegnitz, dann in Richtung Auerbach auf der B 85, bei Auerbach auf die B 470 fahren, in Auerbach nach links auf die Staatsstraße 2168 abbiegen, die nach Neustadt führt. Der Vulkan ist weithin sichtbar. | **Tipp** Einer der vielen Felsenkeller am Rauhen Kulm wurde saniert und ist für die Öffentlichkeit zugänglich. Er gewährt einen Blick in das Innere des Vulkans.

57__Die Burg Loch

Wo Adelige in Höhlen lebten

Höhlen- oder Grottenburgen sind ausgesprochen selten. Ganze zwei gibt es davon in Bayern, eine in Stein an der Traun, eine zweite in Eichhofen, das seit 1972 zu Nittendorf gehört. Im Gegensatz zu anderen Burgen nutzen sie die natürlichen Gegebenheiten einer Höhle, die in die Wehrbauten mit einbezogen wird. Diese Bauweise macht die Burg Loch zu einer echten Rarität unter den rund 600 Burgen, Ruinen und Schlössern der Oberpfalz.

Eine andere Eigenschaft teilt die Burg indes mit vielen anderen Burgen. Ihr genaues Entstehungsdatum ist unbekannt. Vieles spricht für das 12. Jahrhundert, aber eben nicht alles. Und so kann die kleine Burg auch später entstanden sein. Der Grund für den Bau waren nicht mögliche Bedrohungen aus dem Osten, sondern ein in der Nähe gelegenes Hammerwerk. Die Schmiede selbst, aber auch das Eisen lockten Diebe an, sodass man ihnen die Burg und ihre Mannschaft entgegensetzte. Der letzte Eigentümer war Veit Philip Sauerzapf, der die Burg 1625 aufgab und nach Schönhofen zog. Da sie nicht mehr als Schutz für das Hammerwerk benötigt wurde und auch sonst keinen Zweck mehr erfüllte, verfiel sie mit der Zeit.

Erhalten geblieben ist der Bergfried, der unmittelbar vor der eigentlichen Höhlenburg steht. Hinter dem Bergfried haben die Erbauer zwei große und mehrere kleine Höhlen durch Mauern in eine kleine Festung verwandelt. Holzverkleidungen und Türen sorgten für mittelalterliche Behaglichkeit. Auf Fenster mussten die Burgherren natürlich verzichten. So militärisch überzeugend die Idee auch anmutet, eine Burg um eine Höhle zu errichten, sie machte die Burgherren dennoch zu Höhlenbewohnern. Diese Wohnsituation wird mitverantwortlich für die Aufgabe der Burg gewesen sein, die im Außenbereich durch eine Ringmauer geschützt wurde. Auf jeden Fall sollte man es nicht versäumen, sich das Leben in den Höhlenwohnungen vorzustellen.

Adresse Eichhofen, 93152 Nittendorf | **Pkw** A 3, Ausfahrt Nittendorf, dann in Richtung Nittendorf, zunächst auf die B 8, dann nach links auf die Eichhofener Straße, die nach Eichhofen führt, dort nach links in die Staatsstraße 2394 und an der Laaber nach rechts in den Burgweg | **Öffnungszeiten** Tagsüber, jedoch die Schilder beachten! | **Tipp** In Etterzhausen bei Nittendorf befindet sich eine echte Räuberhöhle, wenn auch inzwischen ohne Räuber. Den Weg erfragen.

58 Die Nadelspitze

Den Meeresboden auf die Spitze getrieben

Vor rund 150 bis 160 Millionen Jahren gehörte die heutige Oberpfalz zu einem großen Jurameer. Berichtet man hier und da von dieser simplen geologischen Tatsache, erhält man nicht selten die Antwort, dass davon ja wohl nichts mehr zu sehen sei. Eine Antwort, die nicht zu halten ist. Denn der Boden, auf dem das Gespräch geführt wird, war einst der Meeresboden ebendieses Jurameeres. Sein Wasser fließt an anderen Orten, die Strände und Riffe aber sind noch an Ort und Stelle und bilden den Fränkischen Jura, ein Mittelgebirge.

Auch der Markt Nittendorf, gebildet aus den Orten Nittendorf, Eichhofen, Etterzhausen, Haugenried und Schönhofen, liegt auf dem Grund des Jurameeres. Die Schwarze Laaber fließt durch die Gemeinde und hat sich tief in das Dolomitgestein eingegraben, das aus dem einstigen Meeresboden entstanden ist. Andere Teile des Jura haben sich im Laufe von Jahrmillionen angehoben, sind verwittert und haben mitunter skurrile Felsformationen gebildet. Weiche Gesteine sind erodiert, festere haben länger durchgehalten und der Witterung getrotzt. Ein besonders widerstandsfähiger Felsen trägt den Namen Nadelspitze und ist das Wahrzeichen von Schönhofen sowie seit dem Zusammenschluss von 1972 auch von Nittendorf.

Die Nadelspitze thront regelrecht über der Schwarzen Laaber und ist auch für jeden normalbegabten Wanderer von unten wie von oben zugänglich. Zumindest, was eine gute Sicht betrifft. Für alle anderen Unternehmungen in den Felsformationen von Nittendorf sind höhere Qualifikationen erforderlich. Ein Klettergarten steht auch zur Verfügung, um Erfahrungen zu sammeln oder aufzufrischen. Allein der Blick auf die Felsnadel ist schon ein Erlebnis. Sie ist, um es mit den Worten Friedrich Schillers zu sagen, eine Naturschönheit. Vielleicht hat sie ja als solche Schönhofen den Namen vermittelt. Aber das ist jetzt wirklich eine pure Vermutung.

Adresse Schönhofen, 93152 Nittendorf | Pkw A 3, Ausfahrt Nittendorf, dann in Richtung Nittendorf, am Ortseingang nach rechts auf die Nittendorfer Straße fahren, die nach Schönhofen führt | Tipp Wandern macht durstig. Die Schlossbrauerei Eichhofen in unmittelbarer Nähe sorgt für die nötige Erfrischung. Außerdem ist das Schloss sehenswert.

59 Das Doktor-Eisenbarth-Museum

Ein Haus für den Wundarzt, Steinschneider und Starstecher

Auch heute noch ist das Studentenlied, das um 1800 in Göttingen entstand, in ganz Deutschland bekannt. »Ich bin der Doctor Eisenbarth«, lautet die erste Zeile. Es ist nicht die einzige musikalische Spur, die der Arzt hinterlassen hat. Der Essener Komponist Alfred Böckmann schrieb 1947 eine Oper mit dem schlichten Titel »Doktor Eisenbart«; der Österreicher Nico Dostal ließ 1952 eine Operette gleichen Titels folgen. Eine ganze Reihe von Romanen trug ebenfalls zum Bekanntheitsgrad seines Namens bei und machte ihn zum Star unter den historisch relevanten Ärzten. Wer sich umhört, merkt jedoch schnell, dass sich die Bekanntheit auf seinen Namen beschränkt. Selbst das Spottlied gibt nicht viel her und bezichtigt den Arzt sogar, ein Kurpfuscher gewesen zu sein.

Wer wissen will, wer Johann Andreas Eisenbarth (1663–1727) wirklich gewesen ist, der ist in seiner Geburtsstadt Oberviechtach an der richtigen Adresse. Im 2006 eingerichteten Museum sind nicht nur historische Operationsbestecke zu bewundern, sondern auch Szenen aus dem Leben des Arztes, der entgegen seinem Namen nie einen Doktortitel besessen hat. Dennoch, auch das offenbart die Ausstellung, war Eisenbarth alles andere als ein Kurpfuscher, sondern ein anerkannter Arzt, der eigene Wege beschritt. Das ist die eigentliche Leistung des Museums. Sie entreißt den Arzt den Legenden, die sich um ihn ranken. Man erfährt, dass Eisenbarth schwierige Operationen erfolgreich durchgeführt hat, etwa an dem preußischen Obristen David Jürgen von Graevenitz (1680–1757). Der Offizier war von einer Kugel ins rechte Auge getroffen worden, die Eisenbarth aus dem linken Auge entfernen konnte. Der preußische König ernannte ihn daraufhin 1717 zum Hofrat und Hofaugenarzt.

Das Museum ist in einer aufwendig restaurierten Marktmühle aus dem 14. Jahrhundert untergebracht.

Adresse Mühlweg 7, 92526 Oberviechtach | **Pkw** A 6, Ausfahrt Leuchtenberg, dann auf die B 22 in Richtung Leuchtenberg/Oberviechtach, am Ortseingang nach rechts in die Staatsstraße 2159 (Hütgraben) fahren, dann links in die Bahnhofstraße bis zum Marktplatz, dort nach rechts in den Mühlweg | **Öffnungszeiten** Mai bis Okt. Di, Do 10–12 Uhr und 14–16 Uhr, So 14–17 Uhr | **Tipp** Die Burg Murach bei Oberviechtach an der Grenze zu Tschechien lohnt einen Besuch.

60 Der Goldlehrpfad

Der Claim der Venezianer

Kaum ein Stoff hat so viele Menschen in entlegene Gebiete gelockt wie Gold. Ganze Kontinente, wie die Geschichte Nordamerikas zeigt, wurden bei der Suche nach dem Edelmetall von Glücksrittern auf den Kopf gestellt. Aber den Goldrush gab es nicht nur in Kalifornien, sondern auch in der Oberpfalz, und das bereits vor den Fahrten des Kolumbus. Denn spätestens im 14. Jahrhundert wurden Goldsucher in den Wäldern zwischen Cham und Oberviechtach fündig. Die Stollen waren so ergiebig, dass die Nachricht bald auch Venedig erreichte, wo die Goldschmiede auf Nachschub warteten. Also schickten die Venezianer ihre Goldsucher nun auch in die Oberpfalz. Ihre fremdländische Kleidung sorgte schnell dafür, dass »Venezianer« und »Goldsucher« zu Synonymen wurden.

Nördlich von Oberviechtach, bei der kleinen Ortschaft Unterlangau, waren die Venezianer besonders aktiv, denn das Gestein hat es in sich. Selbst namhafte australische Goldminen, die großflächig im Tagebau ausgebeutet werden, haben nicht mehr zu bieten. In regelmäßigen Abständen, zuletzt vor rund 20 Jahren, suchen große Konzerne bei Oberviechtach nach einem möglichen Eldorado. Bislang jedoch ohne den erhofften Erfolg.

Die nicht enden wollende Suche brachte vor einigen Jahren die Stadtväter auf die Idee, die Bäche bei Unterlangau für Amateure zu erschließen. Wege durch den morastigen Waldboden wurden angelegt und Baumstämme als Brücken verlegt. Ein Goldlehrpfad auf den Spuren der Venezianer entstand, der mittlerweile eine Länge von vier Kilometern aufweist. Wanderer werden hier auf Schautafeln mit Informationen versorgt. Wer es jedoch nicht beim Wandern belassen will, kann hier tatsächlich mit der Pfanne in einen Bach steigen und Gold waschen. Die ungewohnte Tätigkeit erfordert viel Geduld, ist aber kinderleicht, sodass auch Kinder daran Spaß haben. Und reich werden kann man auch noch. Wenn man das Glück der Venezianer hat.

Adresse Nabburger Straße 2, 92526 Oberviechtach | **Pkw** A 6, Ausfahrt Leuchtenberg, dann auf die B 22 in Richtung Leuchtenberg/Oberviechtach, am Ortseingang nach rechts in die Staatsstraße 2159 (Hütgraben) fahren, dann links in die Bahnhofstraße bis zum Marktplatz | **Öffnungszeiten** Führungen bitte in der Stadtverwaltung erfragen unter www.oberviechtach.de | **Tipp** Der sehenswerte Dr.-Max-Schwarz-Brunnen am Marktplatz, der von dem Münchner Künstler Karel Fron aus heimischem Granit gestaltet wurde.

61 Die Hanomag-Lok

Die letzte ihrer Art

Noch 1960 fuhren 7.250 Dampflokomotiven auf dem westdeutschen Schienennetz (gegenüber 1.000 E-Lokomotiven). Die komplette Umstellung auf Diesel- und E-Betrieb dauerte noch bis 1977, bevor in Emden in Ostfriesland die letzte Dampflok außer Dienst gestellt wurde. Auch für viele Strecken und kleine Bahnhöfe war das Ende gekommen. Dazu gehört auch der Bahnhof von Oberviechtach, der 1913 eröffnet und 1994 geschlossen wurde. Lange Zeit hatte eine kleine Lok der Firma Hanomag, Baujahr 1899 und Baureihe 3427, einige Wagen gezogen und Passagiere nach Nabburg oder Schönsee gebracht. Aber diese Ära ist, um beim Dampf zu bleiben, längst verpufft. Viele Gleise sind demontiert, die Lokomotiven und die Wagen verschrottet. Wer das eine oder andere Relikt bestaunen will, kann dies im DB-Museum in Nürnberg tun.

Oder er begibt sich in Oberviechtach zum alten Bahnhof und bewundert die kleine Dampflok von Hanomag, Baujahr 1899, Baureihe 3427, mit 180 PS. Es ist nicht die Originallokomotive, die nach Nabburg und Schönsee gefahren ist, sondern sie stammt aus Niedersachsen. Dort war die Lok 1965 außer Dienst gestellt worden. Ganze vier Exemplare der Baureihe 3427 soll es noch geben, ist von Eisenbahnexperten zu erfahren. Aber keines ist in einem derart phantastischen Zustand wie die Oberviechtacher Lok. Noch dazu ist sie frei zugänglich und steht in einem gläsernen Lokschuppen, der das technische Museumsstück vor der Witterung, nicht aber vor Blicken schützt.

Die Idee hatten Mitarbeiter der Firma Rossmann KG, die 2002 den stillgelegten Bahnhof von Oberviechtach erworben hat. Schließlich, so das nachvollziehbare Argument des Unternehmers Rossmann, gehöre zu einem Bahnhof auch eine Lokomotive. Eine passende, versteht sich. Nach intensiver Suche wurde er bei Hannover fündig und ließ die Hanomag-Lok gründlich restaurieren. Jetzt ist sie, wie Rossmann sagt, ein »wahres Schätzchen«.

Adresse Zum Bahnhof 2, 92526 Oberviechtach, www.oberviechtach.de | **Pkw** A 6, Ausfahrt Leuchtenberg, dann auf die B 22 in Richtung Leuchtenberg/Oberviechtach, am Ortseingang nach rechts in die Eigelsberger Straße/Zum Bahnhof, die direkt an der Lok vorbeiführt | **Öffnungszeiten** immer, da auch von außen zu besichtigen | **Tipp** Das Bahnhofsgebäude von 1913, das in unmittelbarer Nähe steht.

62 Das 9-11 WTC-Memorial

Ein Mahnmal für die Toleranz

Angefangen hat alles mit der Steuben-Parade in New York, einer Art Volksfest für deutschstämmige Amerikaner. Aber auch Anlass für viele Deutsche, nach New York zu fahren und mitzufeiern. So wie der Realschullehrer Martin Zimmermann und andere engagierte Bürger aus Oberviechtach. 2007 nahmen sie an der Parade teil und nutzten die Gelegenheit, um einige Feuerwehrleute kennenzulernen und über den Terroranschlag vom 11. September 2001 auf das World Trade Center zu sprechen. Ein Verein wurde gegründet, die »German American Firefighters and Friends« (GAFF). Erster Vorsitzender wurde Martin Zimmermann, der auch die Idee ins Spiel brachte: Ein Denkmal, das an den Anschlag erinnert.

Ein Denkmal lässt sich natürlich ohne Weiteres realisieren, doch die Mitglieder der GAFF wollten kein Allerweltsdenkmal, sondern eines mit Gewicht. Und dieses Gewicht sollte ein Trümmerteil der eingestürzten Türme des World Trade Centers sein. Die aber sind nicht so leicht zu bekommen, denn die amerikanischen Behörden haben sehr genaue Vorstellungen, was mit den wenigen noch vorhandenen Überbleibseln passieren soll. Doch Zimmermann und die GAFF nutzten erfolgreich ihre Kontakte. Der kleinen Stadt wurde das Trümmerteil mit der Nummer H-0031a überlassen, ein 1,8 Meter langer und 650 Kilogramm schwerer Doppel-T-Träger. Eine kleine Sensation, denn es ist das einzige Trümmerteil, das nach Deutschland gelangte.

Entworfen hat das Denkmal Rainer Wild, der Kassenwart der GAFF. Es zeigt die beiden noch intakten Türme des WTC, nachgebildet aus Glas, vor dem Strahlträger. Der Stadtrat wies ihm einen Vorzugsplatz an der Oberviechtacher Allee zu, wo es am 8. Oktober 2011 feierlich enthüllt wurde. Es erinnert nicht nur an die fast 3.000 Opfer des Anschlags, sondern auch an die 343 Feuerwehrleute und Retter, die ihr Leben verloren. Und es wendet sich gegen jeden ideologischen Extremismus.

Adresse Zum Bahnhof, 92526 Oberviechtach, www.oberviechtach.de | Pkw A 6, Ausfahrt Leuchtenberg, dann auf die B 22 in Richtung Leuchtenberg/Oberviechtach, am Ortseingang nach rechts in die Staatsstraße 2159 (Zum Bahnhof, Hütgraben) fahren, an der das Denkmal steht | Tipp In der Grünanlage (Zum Bahnhof 2) befindet sich ein mittelalterliches Steinkreuz, das zum Denkmal passt.

63 Der Vulkan

Magma und Lava vom Feinsten

Aktive Vulkane sollte man nur aus sicherer Entfernung betrachten, schon allein aus gesundheitlichen Gründen. Erloschene Vulkane sind hingegen auch aus der Nähe erlaubt, im Allgemeinen aber sehr schwer zugänglich. Fast immer wird man in einem beschwerlichen Marsch hinauf zum Kraterrand geführt und kann dann in den Krater hinabsteigen. Aber dieser ganze Aufwand muss nicht sein. Man braucht nur nach Parkstein in die Kapuzinergasse zu fahren und hat freien Zugang zum Innenleben eines erloschenen Vulkans.

Der Parkstein ist ein 24 Millionen Jahre alter Schlot eines Vulkans und bildet heute einen weithin sichtbaren, 38 Meter hohen Basaltkegel. Die einzelnen eindrucksvollen Basaltsäulen kann man von außen bewundern.

Aber man hat eben auch die Möglichkeit, die Felsenkeller zu besuchen, die direkt in den Schlot getrieben wurden, um Bierfässer und andere Güter zu lagern. Nach einer kürzlich erfolgten Sanierung haben sie heute nur noch den Zweck, das erstarrte Innenleben eines Vulkans zu erkunden. Die erstarrte Schmelze mit ihren Gesteinseinschlüssen – einige Blöcke haben einen Durchmesser von mehreren Metern – vermittelt eine Vorstellung von den enormen Kräften und Temperaturen, die hier geherrscht haben. Näher am geologischen Geschehen kann man gar nicht sein.

Nach dem Aufenthalt im Felsenkeller bietet sich natürlich ein Besuch im 2013 eröffneten Vulkanmuseum im Landrichter Schloss an. Neben den üblichen Schautafeln, wie man sie aus anderen Museen kennt, ist der simulierte Vulkanausbruch ein einmaliges Erlebnis. Denn im Museum befindet sich ein nachgebildeter Vulkanschlot, der drei Stockwerke in die Höhe reicht. Jede Stunde kann man am Rande des Schlots einem Vulkanausbruch beiwohnen. Frühwarngeräte schlagen rechtzeitig Alarm. Für die notwendigen Effekte sorgt modernste Licht- und Nebeltechnik. Packender und eruptiver kann kein Vulkanmuseum sein.

Adresse Felsenkeller: Kapuzinergasse; Museum: Schloßgasse 5, 92711 Parkstein; www.vulkanerlebnis-parkstein.de | **Pkw** A 9, Ausfahrt Pegnitz, dann in Richtung Pegnitz auf der B 470, nach Schwarzenbach nach links in die Scharlmühlstraße fahren und der Beschilderung folgen | **Öffnungszeiten** Felsenkeller: täglich 8–18 Uhr; Vulkanmuseum: im Sommer Di–So 10–17 Uhr, im Winter Do–So 13–17 Uhr | **Tipp** Die Reste der Burg Parkstein, die einst auf dem Basaltkegel stand, ergänzen den Besuch des Vulkans.

64 Die Obere Burg

Das doppelte Zwiebeltürmchen

Steht man vor den beiden Zwiebeltürmen der Oberen Burg, weiß man sofort, dass sie nicht aus dem Mittelalter stammen, sondern später entstanden sind. Der Einfluss der Renaissance ist nur zu deutlich spürbar. Folglich müssten die Baujahre leicht zu ermitteln sein. Die Auskunft der Historiker aber bleibt überraschend vage, denn die Spuren verlieren sich im Dreißigjährigen Krieg. Sicher ist, dass die Schweden unter Gustav Adolf während ihres Eroberungszugs durch Bayern ab 1632 auch Parsberg erreichten. Mit großer Wahrscheinlichkeit haben sie die aus dem 14. Jahrhundert stammende Burg auf dem Dolomitfelsen zerstört. Sie wurde nicht wieder aufgebaut und blieb Ruine.

Offen aber ist, ob die Schweden auch die Obere Burg mit ihren markanten Zwiebeltürmen zerstörten, denn es ist schlicht nicht bekannt, ob sie 1632 bereits gestanden hat. Somit ist auch offen, ob die heutige Obere Burg wieder errichtet wurde oder erst nach 1632 entstand.

Die Untere Burg wurde auf jeden Fall erst nach dem Abzug der Schweden erbaut und machte die Burg Parsberg zu der heutigen dreiteiligen Anlage aus Ruine (Kernburg), Oberer und Unterer Burg, in der seit 1981 ein Burgmuseum untergebracht ist. Den Hof der Anlage betritt man durch ein Tor, das die beiden Türme mit der Unteren Burg verbindet. Die Gebäude der Unteren Burg, auch Schloss genannt, stammen aus dem 17. und 18. Jahrhundert.

Die beiden markanten Zwiebeltürme der Oberen Burg gehören zum Palas und wurden auf den Resten eines Vorgängerbaus errichtet. Sie sind für das unverwechselbare Erscheinungsbild verantwortlich, das die Burg Parsberg so mühelos von anderen Burgen unterscheidbar macht. Die beiden Türme prägen den gesamten Komplex und verleihen ihm Identität. Inwieweit das von den Baumeistern beabsichtigt war, kann allenfalls vermutet werden. Die Parsberger sind jedenfalls bis heute dankbar für diese architektonische Idee.

Adresse Burgstraße/Burgweg, 92331 Parsberg | **Pkw** A 3, Ausfahrt Parsberg, dann in Richtung Parsberg auf der Hohenfelser Straße, dann links in die Dr.-Schrettenbrunner-Straße und links in die Burgstraße fahren | **Öffnungszeiten** wechselnde Öffnungszeiten, am besten auf der Homepage nachsehen unter www.parsberg.de | **Tipp** Der Kirchplatz mit altem Pfarrhaus und Stadtpfarrkirche St. Andreas lohnt einen Besuch.

65_Die mobile Kunsthalle

Ein Container reicht

Emden ist bekannt für seine von Henri Nannen gestiftete Kunsthalle, während die Kunsthalle von Schweinfurt ursprünglich ein Hallenbad war. Die Nürnberger Kunsthalle wurde bereits 1912 errichtet und kann auf eine bewegte Geschichte zurückblicken. Ganz egal, in welche Kunsthalle man schaut, eines haben alle gemeinsam, nämlich einen stattlichen Bau und viele Quadratmeter Ausstellungsfläche. Irgendwie muss die Bezeichnung »Halle« ja auch ihre Berechtigung haben.

Das Dorf Pertolzhofen gehört zur Gemeinde Niedermurach und erscheint seit 2007 auf der Liste der Orte, die eine Kunsthalle besitzen. Allerdings ist in diesem Fall die Bezeichnung »Halle« ein klarer Euphemismus, denn die Halle besteht baulich aus einem gängigen Frachtcontainer, wie er von Containerschiffen um die Welt transportiert wird. Eine Solaranlage versorgt den Container mit Strom, sodass er unabhängig vom Netz überall aufgestellt werden kann. Denn wie es sich für einen richtigen Container gehört, ist er dazu bestimmt, auf Reisen zu gehen. Die Besucher drängeln sich auch nicht in dem Container, sondern betrachten die ausgestellten Kunstwerke durch fünf Fenster. Und da sie nicht eintreten, brauchen sie auch keinen Eintritt zu zahlen und können kommen und gehen, wann sie wollen, also auch nachts.

Die Idee für die mobile Container-Kunsthalle hatte der »Kunstverein Pertolzhofen e. V.«. Sie wurde abgeleitet von den seit 1993 abgehaltenen »Pertolzhofener Kunstdingertagen«, die der Münchner Künstler Heiko Herrmann initiiert hat. Statt nur einmal im Sommer ein Kunstfest zu veranstalten, so die Idee, könnte man doch während des ganzen Jahres zeitgenössische Kunst zeigen. Aber ohne Bau- und Personalkosten. Und mobil natürlich, um auch außerhalb des Ortes die Kunstwerke präsentieren zu können. Das Ergebnis ist der Container. Wo er gerade steht und was er zeigt, erfährt man am besten im Internet.

Adresse 92545 Pertolzhofen | **Pkw** A 6, Ausfahrt Nabburg-West, dann in Richtung Nabburg auf der Staatsstraße 2156 an Nabburg vorbei nach Pertolzhofen | **Öffnungszeiten** immer, allerdings muss man erst den aktuellen Standort ermitteln unter www.kunstverein-pertolzhofen.de | **Tipp** Die romanische Kirche St. Marien in Pertolzhofen ist einen Blick wert.

66_Das Flusskriegsschiff »Regina«

Die spinnen, die Römer!

Die Römer waren nicht nur gute Seefahrer, dank besonderer Kriegsschiffe beherrschten sie auch die Flüsse. In der Spätantike bewährte sich vor allem der »Navis lusoria« genannte Schiffstyp, der über kein Kielschwert verfügte und von 30 Ruderern oder einem Segel angetrieben wurde. Das Schiff war 21,7 Meter lang, 2,80 Meter breit und hatte nur geringen Tiefgang. Es war also ideal für militärische Einsätze auf Flüssen geeignet. Da sich unter den sogenannten »Mainzer Römerschiffen«, die 1981 zufällig entdeckt wurden, auch dieser Schiffstyp befand, konnte man endlich ein »Navis lusoria« nachbauen.

Genau das haben Studenten des Lehrstuhls für Alte Geschichte der Universität Regensburg 2004 getan. Wichtigste Materialien waren Eichenholz, 4.000 handgeschmiedete Nägel und unzählige Arbeitsstunden. Private Sponsoren halfen mit, die benötigten Baukosten in Höhe von rund 100.000 Euro aufzutreiben. Endlich konnten die Eigenschaften dieses Schiffstyps in der Praxis getestet werden. Etwa auf einer Langstreckenfahrt 2006 auf der Donau nach Budapest. Selbst Etappen von 100 Kilometern am Tag waren leicht zu bewältigen. Zum ersten Mal seit rund 1.600 Jahren fuhr wieder ein Römerschiff auf der Donau. Zu römischen Zeiten waren es Tausende, die den Warentransport und die Grenzen des Imperiums sicherten.

Der Nachbau wurde auf den Namen »Regina« getauft und wird regelmäßig zu Testfahrten eingesetzt. Doch zum Glück steht das Schiff nicht nur Historikern zur Verfügung. Auch Schulklassen oder Cliquen sind eingeladen, sich als Galeerenruderer zu verdingen und Römer zu spielen. Erfahrene, spätberufene Legionäre aus Regensburg leiten diese Fahrten, bei denen man sich so richtig in die Riemen legen kann und nicht wasserscheu sein darf. Aber wer am eigenen Leib erfahren will, wie die Römer die Flüsse befahren haben, für den ist eine Fahrt mit der »Regina« genau das Richtige.

Adresse Mariaort, 93186 Pettendorf | Pkw A 3, Ausfahrt Nittendorf, dann auf der B 8 nach Mariaort fahren und dort nach dem Anleger fragen | Öffnungszeiten Fahrten kann man bei der Uni Regensburg buchen unter Tel. 0941/9433713 | Tipp Das ehemalige Kloster Adlersberg in Pettendorf sollte man sich ansehen.

67_Der Rosenfriedhof

Dem Leben gewidmet

Friedhöfe ähneln sich nicht selten so sehr, dass man sie schon zu kennen glaubt, noch bevor man sie betreten hat. Zu verdanken haben wir diese mitunter verblüffende Ähnlichkeit nicht zuletzt den sich ebenfalls ähnelnden Friedhofsordnungen, die schlichtweg alles regeln, vom Stein bis zum Bewuchs.

Umso erstaunter ist man, wenn man den kleinen Friedhof von Dietkirchen betritt, der zur Friedhofskapelle St. Michael beziehungsweise zur Katholischen Pfarrkirche St. Stephan gehört. Nicht ein Grabstein steht auf dem Friedhof, dafür wird man von einem Blumenmeer empfangen. Im Frühling sind es Tulpen, im Sommer gefüllte rote Rosen für die Erwachsenen und weiße für Kinder. Noch dazu halten sich die Rosen nicht dezent im Hintergrund, sondern protzen regelrecht mit ihren Blüten. Das Auge braucht eine Weile, um sich an diese Pracht zu gewöhnen, sind doch im Allgemeinen Friedhöfe eher grün und nicht bunt orientiert. Woher also diese Farbenpracht?

Die Idee ist dem Dietkirchener Pfarrer Johannes Baptist Weis (1889–1977) zu verdanken, dem die traditionelle Friedhofskultur zu sehr auf den Tod ausgerichtet war. »Ein christlicher Friedhof«, hielt der Pfarrer dieser Ausrichtung entgegen, »soll nicht den Tod, sondern das Leben verkünden; er muss einen österlichen Charakter haben.« Weis nutzte die 1933 anstehende Friedhofserweiterung für eine gänzlich neue Gestaltung. Fortan, so entschied er, sollten nur noch handgeschmiedete Kreuze aufgestellt werden. Die Einfassung der Gräber sollte nur noch aus naturbelassenen Kalksteinen bestehen, und statt der üblichen Trauerbepflanzung sollten Rosen blühen.

Mit der Zeit sind so über 170 Rosengräber entstanden, auf denen Eisenkreuze stehen. Viele von ihnen hat Pfarrer Weis selbst gesammelt, aus dem Schutt gezogen oder in Scheunen aufgespürt. Er selbst liegt natürlich auch auf seinem Friedhof, an der Kirchenmauer, gebettet unter Rosen.

Adresse Weikenhofer Straße 4, 92367 Pilsach-Dietkirchen | Pkw A 3, Ausfahrt Neumarkt-Ost, dann auf die Staatsstraße 2040, die nach Dietkirchen führt | Tipp Das Schloss Pilsach liegt ganz in der Nähe. Hier wurde angeblich Casper Hauser eine Zeit lang gefangen gehalten.

68 Die Kirche auf dem Rosenquarz

Das Schmuckstück auf dem Schmuckstück

Rosenquarz ist ein Mineral, chemisch im Wesentlichen Siliziumdioxid (SiO_2). Durch Einschlüsse eines weiteren Minerals, Dumortierit, erhält der Rosenquarz seine milchige rosarote Färbung. Verwendung findet das Mineral seit jeher als Schmuckstein. Es gibt aber auch noch eine andere, eher seltene Möglichkeit der Verwendung, nämlich als natürliches Fundament für eine Kirche. Für letztere Möglichkeit hat sich der Ort Pleystein entschieden. Als Schmuckstein wäre der 38 Meter hohe Rosenquarzfelsen in der Ortsmitte ohnehin viel zu groß.

Schon vor 10.000 Jahren hat der Rosenquarzfelsen die Menschen in seinen Bann geschlagen. Ein solcher Ort war (und ist) außergewöhnlich und hat, wenn man so will, etwas Magisches. Funde aus der Steinzeit bestätigen, dass der Ort bereits in der Jungsteinzeit besiedelt gewesen ist. Wie und als was mögen die Menschen den Felsen angesehen haben? Wie den Monolithen in Stanley Kubricks Film »Odyssee 2001«? Betrachtet man den Felsen von unten, von der Altstadt aus, kann einem dieser Gedanke durchaus kommen. In jedem Fall kamen Menschen später auf den Gedanken, den Felsen zu bebauen.

Viel Glück hat ihnen die Besiedlung nicht gebracht, die ab dem 13. Jahrhundert nachgewiesen ist. An der Ostgrenze des Reiches gelegen, eroberten immer wieder Angreifer den Ort und zerstörten ihn. Die Hussiten und Kroaten plünderten Pleystein und brannten alles nieder. Im 19. Jahrhundert wüteten mehrere Stadtbrände, sodass der Ort 1902 fast komplett neu errichtet werden musste. Aus dieser Zeit stammen die Katholische Wallfahrtskirche Heiligkreuz und das Kloster, die auf dem Gipfel des monumentalen Rosenquarzes stehen. Seither blieb Pleystein von Kriegen und Stadtbränden verschont. Im Gegenteil, nach dem Zweiten Weltkrieg blühte die Stadt erst richtig auf. Grund genug, um in die Altstadt zu fahren, den Blick nach oben zu richten und zu staunen.

Adresse Altstadt, 92714 Pleystein (Heiligkreuzkirche: Kreuzbergweg 2) | **Pkw** A 6, Ausfahrt Pleystein, dann in Richtung Pleystein, am Ortseingang rechts in »Am Baumgarten« einbiegen, dann nach links in den »Stadtgraben Ost« | **Tipp** Im Stadtmuseum neben der Stadtpfarrkirche sind Funde aus der Steinzeit zu sehen.

69_Das Puppenhaus

Die Sammlung von Katharina Heinle

Etwa 40 Jahre lang hat Katharina Heinle Puppen gesammelt und liebevoll restauriert. Unterstützt hat sie dabei die bekannte Puppendoktorin Christa Mühlbauer aus Weiden, denn viele der Puppen erforderten Fachkenntnisse, da sie aus ungewöhnlichen Materialien sind oder aus dem Biedermeier stammen. Aus dem Hobby wurde im Laufe der Zeit eine echte Leidenschaft, sodass am Ende ihres Lebens rund 600 Puppen versammelt waren, die jüngsten aus den 1960er Jahren. Keine nach klaren Kriterien strukturierte, aber eine beeindruckende und umfassende Sammlung.

So weit, so gut. Aber für 600 Puppen reicht selbst eine große Sitzecke nicht aus. Die Lösung brachte nach vielen Jahren der Suche schließlich das Wohngebäude einer ehemaligen Glasschleife in Hagenmühle bei Pleystein. Hier konnten sich die Puppen endlich ausbreiten, auch wenn es den Anschein hat, dass sie in der einen oder anderen Vitrine noch immer zusammenrücken müssen. Leider ist Katharina Heinle 2008 verstorben, sodass die Sammlung nicht mehr weiterwächst, auch wenn Karin Heinle, ihre Tochter, noch immer Puppen geschenkt bekommt. Sie ist zwar selbst keine Sammlerin, kümmert sich aber um die zum Teil ausgesprochen wertvollen Exponate.

Die Puppen und Puppenwelten sind mehr als nur Spielzeug, sie sind Spiegel der gesellschaftlichen Vorstellungen und Werte ihrer Entstehungszeit. Diese lassen sich nicht nur an den Puppengesichtern ablesen, sondern auch an den Kleidern und dem Interieur der vielen Puppenstuben. Sie sind verkleinerte Ausgaben der Welt der Eltern. Insofern kann man in »Katharinas Puppenhaus« durch die Jahrzehnte wandern und verfolgen, was sich geändert hat. In den Küchen verschwand der Kohleherd, und der Elektroherd hielt Einzug, das elektrische Licht löste die Petroleumlampe ab. Grund genug also, die alte Glasschleife im Zottbachtal zu besuchen und sich auf eine puppenhafte Zeitreise zu begeben.

Adresse Hagenmühle, 92714 Pleystein, www.katharinaspuppenhaus.de | Pkw A 6, Ausfahrt Pleystein, dann in Richtung Pleystein, am Ortseingang rechts in »Am Baumgarten« einbiegen, dann nach links in den »Stadtgraben Ost«, nach links auf die Neuenhammerstraße einbiegen und bis nach Hagenmühle fahren | Öffnungszeiten Mi 14.30–18 Uhr | Tipp Das Zottbachtal eignet sich hervorragend für Wanderungen.

70 Die Donaufähre bei Prüfening

Seit 1.000 Jahren über die Donau

Heute ist es selbstverständlich, auf einer Eisenbahn- oder Autobrücke die Donau zu überqueren. Benutzt man die Autobahn, muss man schon aufpassen, um den Fluss nicht zu verpassen. Viel zu schnell ist das Blau des Wassers wieder verschwunden. Die Überquerung ist auf einen Augenblick geschrumpft.

Früher war es dagegen selbstverständlich, mit der Fähre von einem Ufer zum anderen zu gelangen. Ab dem 9. Jahrhundert ist die Überfahrt bei Prüfening verbürgt, die eine wesentliche Erleichterung darstellte, denn bis dahin mussten die Menschen die Donau an einer Furt durchqueren. Dank der Fähre gelangte man nun trockenen Fußes über den Fluss. Die Städte Nürnberg und Regensburg rückten enger aneinander, der Transport wurde einfacher. Selbst der Bau der Steinernen Brücke 1146 machte die Fähre nicht überflüssig, da die Fährkosten niedriger waren als die Brückenmaut. Bis zur Säkularisation 1803 war die Fähre im Besitz des Klosters Prüfening und konnte dann von drei ortsansässigen Bauern gekauft werden. Die Fähre wurde damals an einem Gierseil über den Fluss geführt.

Die beiden hölzernen Fährschiffe wurden 1925 durch moderne Eisenschiffe ersetzt. Nach wie vor war der Andrang so groß, dass im Sommer beide Fähren fahren mussten. In den letzten Tagen des Zweiten Weltkrieges sprengten deutsche Soldaten die Fähre, um die anrückenden Amerikaner aufzuhalten. Dem Betreiber gelang es jedoch, das Schiff von einem Schmied reparieren zu lassen und den Fährbetrieb schnell wieder aufzunehmen. Bis zum Bau der Autobahnbrücke 1956 war die Fähre noch gut ausgelastet. Heute befördert sie vor allem landwirtschaftliche Fahrzeuge und Baumaschinen, die nicht auf der Autobahn fahren dürfen. Wer die Donau einmal anders erleben will, sollte die Autobahn verlassen und die Fähre benutzen. Aus dem Augenblick der Überquerung wird ein Erlebnis.

Adresse Mattinger Straße 26, 93049 Regensburg, www.donaufaehre.com | **Pkw** A 93, Ausfahrt Regensburg-Königswiesen, dann in Richtung Zentrum, nach links in die Dr.-Gessler-Straße, dann gleich wieder nach links in die Kirchmeierstraße, die zur Prüfeninger Schloßstraße wird, in Prüfening nach links in den Fährenweg, der zum Anleger führt | **Öffnungszeiten** für Pkw an Sonn- und Feiertagen von 13–18 Uhr | **Tipp** Die Ruthof ist ein alter Flussdampfer, den man sich nicht entgehen lassen sollte.

71 Der Palmengarten im Neuen Marstall

Fürstlich genießen unter dem Glasdach

Der Alte Marstall wurde um die Jahrhundertwende einfach zu klein. Die Zahl der Pferde und Kutschen wuchs weiter an, außerdem benötigten die fürstlichen Pferdeflüsterer nun auch noch Platz für neue Pferdestärken, nämlich für jene, die unter den Motorhauben der ersten Autos arbeiteten. Es gab nur eine Lösung: Ein neuer Marstall, der den Anforderungen der Zeit entsprach. Dieser wurde zwischen 1906 und 1911 von dem fürstlichen Baumeister Max Schulte gebaut. Die Pferdehaltung der Familie Thurn und Taxis blühte ein letztes Mal auf. Ein Fahrstuhl hievte die Kutschen in jedes Stockwerk, moderne Spül- und Ventilationsanlagen sorgten für Sauberkeit und ein gesundes Klima. Für die steigende Zahl der Autos gab es endlich genügend Garagen und Werkstätten.

Nach dem Ersten Weltkrieg setzte der Niedergang des Marstalls ein, der immer weniger finanzierbar und nicht mehr zeitgemäß war. 1935 wurde er geschlossen und diente von da an als Kutschenmuseum. Nach dem Umzug der Kutschen in den Alten Marstall von Schloss St. Emmeram fand sich 2005 eine neue Verwendung für das rund 100 Jahre alte Gebäude. Kupferne Braukessel wurden eingebaut und das Fürstliche Brauhaus zu Regensburg eröffnet. Bierspezialitäten und eine gute Küche sind wenig anfällig für den permanenten historischen Wandel.

Die Historie selbst ist aber in dem Fürstlichen Brauhaus, dem ehemaligen Neuen Marstall, immer präsent. Der wohl schönste Ort, diese Präsenz zu genießen, ist der Palmengarten, der im Gegensatz zum Biergarten durch ein Glasdach vor Wetterunbilden geschützt ist. Dieses Dach ist zwar jüngeren Datums, erinnert aber an Markthallen oder Bahnhofsdächer der Jahrhundertwende und verleiht dem Palmengarten das nötige Flair. Hier sollte man sich Zeit nehmen für die Zeit. Und vielleicht für eine fürstliche Braunbierbratwurst.

Adresse Waffnergasse 6–8, 93047 Regensburg, www.fuerstlichesbrauhaus.de | Pkw A 93, Ausfahrt Regensburg-Kumpfmühl, dann in Richtung Regensburg fahren, nach links in die Augsburger Straße, die zur Kumpfmühler Straße wird; nach der Brücke über die Bahngleise nach rechts in die Helenenstraße, dann links in die Waffnergasse | Öffnungszeiten Mo–Fr 11–24 Uhr, Sa, So 10–24 Uhr | Tipp Der Alte Marstall mit seiner Kutschensammlung.

72 Die Schnupftabakfabrik

Regensburg hatte schon immer die Nase vorn

Bis ins 19. Jahrhundert hinein wurde Tabak vor allem geschnupft und nicht geraucht. Große Schnupftabakfabriken in Südeuropa versorgten die zahllosen Schnupfer mit dem feinen Pulver. Das änderte sich, als Johann Nikolaus Bernard (1709–1780) in Offenbach am Main 1733 die erste Schnupftabakfabrik in Deutschland gründete. Trotz der steigenden Nachfrage nach Pfeifentabak und Zigaretten blieben viele Menschen dem Schnupftabak treu, insbesondere in Bayern.

Grund genug für die Familie Bernard, die Produktion ab 1812 nach und nach dorthin zu verlagern. Nicht zuletzt war in Bayern auch der Zoll günstiger. Als idealer Standort erwies sich dabei Regensburg. 1923 wurde sogar der Firmenhauptsitz in die Stadt an der Donau verlegt. Die Fabrik in der Altstadt wurde zur größten Schnupftabakfabrik Deutschlands und beschäftigte bis zu 350 Menschen. Nach dem Zweiten Weltkrieg ging der Konsum stark zurück, sodass ab 1955 nur noch der Standort Regensburg verblieb. 1999 wurde die Fabrik aufgegeben und die Produktion nach Sinzing verlagert.

Die alte Fabrik, von den Regensburgern kurz »Schnupfe« genannt, erstrahlt heute in neuem, denkmalgeschütztem Glanz. Zwar sind große Teile des aus dem Mittelalter stammenden Gebäudes in Mietwohnungen umgewandelt worden, doch wurden drei Räume der alten Fabrik bewahrt. Jeder Schritt, vom Eintreffen des Rohtabaks über das Mischen in der »Alchemistenküche« der Fabrik bis zum Füllen der Dosen, kann hier nachvollzogen werden. Hier wurde auch der berühmte »Schmalzlerfranzl« hergestellt, der erfolgreichste Schnupftabak der Bernards. Neben den historischen Gerätschaften ist es vor allem der ungewohnte und einmalige Geruch, der den Besucher beeindruckt.

Die Schnupftabakherstellung ist in Regensburg Geschichte, nicht aber der Schnupftabak. Das Rauchverbot hat längst zu einer steigenden Nachfrage geführt. Vielleicht wurde die Fabrik zu früh aufgegeben.

Adresse Gesandtenstraße 3/5, 93047 Regensburg | **Pkw** A 93, Ausfahrt Regensburg-Prüfening, dann in die Prüfeninger Straße, die in die Jakobstraße übergeht, vor dem Bismarckplatz nach links in die Gesandtenstraße einbiegen | **Öffnungszeiten** Führungen Fr, Sa, So 14.30 Uhr, Gruppen auch nach Vereinbarung | **Tipp** Das Goliathhaus in der Goliathstraße ist eine alte Patrizierburg mit bemalter Fassade.

73__Das Statt-Theater

Große Bühne für kleine Kunst

2014 konnte das Kabarett-Ensemble »Statt-Theater« sein 35-jähriges Jubiläum feiern und gleichzeitig das 30-jährige Jubiläum der Kleinkunstbühne gleichen Namens in der Winklergasse.

Lange hatten Inge Faes-Wagner und Peter Nikisch gegrübelt, gesucht und gerechnet, bevor sie endlich im eigenen Haus auf der eigenen Bühne stehen konnten, wobei die Bühne aus einigen übereinandergestapelten Europaletten und Spanplatten bestand. »Kleinkunst darf das«, hätte der legendäre Kabarettist Hanns Dieter Hüsch gesagt, »große Kunst nicht.« Kleinkunst braucht auch kein großes Haus. Ein Kellergewölbe, in das gerade mal eine wirklich kleine Bühne und 70 Sitzplätze passen, reicht komplett aus, um Großes zu zeigen. Von den Europaletten sieht man heute auch nichts mehr, denn die Ausstattung wurde im Laufe der Zeit natürlich professionalisiert. Umgebaut wird immer noch, zuletzt 2014. Die Zeit bleibt nicht stehen.

Das Zeitgeschehen auch nicht, und um selbiges geht es dem Ensemble »Statt-Theater«, um das, was in unserer Zeit immer noch und immer wieder und wider die Vernunft und wider die Erfahrungen geschieht. Für die Programme und Texte, die immer wieder begeistern, ist Peter Nikisch zuständig. Aber immer kann das Ensemble auch nicht auf der Bühne stehen. Daher füllen Gäste die Lücken, etwa der Berliner Frank Lüdecke oder Luise Kinseher, die 2014 mit dem Bayerischen Kabarettpreis ausgezeichnet wurde. Aber auch Newcomer haben im Statt-Theater eine Chance, die, richtig genutzt, gleich mehrere Sprossen auf der Karriereleiter bedeuten kann.

Keine Frage, das Kellergewölbe mit seinen 70 Plätzen ist eine Topadresse und unterirdisch gut. Auch wenn sich Ortsunkundige in den schmalen Gassen der Altstadt bisweilen auf der Suche nach dem Statt-Theater verlaufen. »Kleinkunst darf das«, hätte Hüsch gesagt, Kleinkunst liegt naturgemäß nicht an großen Plätzen, sondern eben in schmalen Gassen.

Adresse Winklergasse 16, 93047 Regensburg | Pkw A 93, Ausfahrt Regensburg-West, dann auf die Gumpelzhaimerstraße, dem Straßenverlauf folgen, am Arnulfplatz nach links in die Wollwirkergasse und gleich wieder rechts in die Winkelgasse | Öffnungszeiten am besten auf der Homepage nachsehen unter www.statt-theater.de | Tipp Natürlich hat Regensburg auch ein großes Theater, nämlich das Theater am Bismarckplatz, dessen großes Haus über 500 Plätze besitzt.

74 Das Sterbehaus Keplers

Die letzte Station eines Weltveränderers

Kreisen die Erde und die anderen Planeten tatsächlich um die Sonne? Ist das von Nikolaus Kopernikus beschriebene Planetensystem lediglich ein Modell, das die Berechenbarkeit der jeweiligen Planetenpositionen vereinfacht? Mit diesen Fragen befasste sich der aus Weil der Stadt stammende Mathematiker, Astronom und Astrologe Johannes Kepler (1571–1630). Trotz seines tiefen Glaubens und des erbitterten Widerstands beider Konfessionen kam der Protestant zu dem Ergebnis, dass das heliozentrische Weltbild kein bloßes Modell, sondern Realität ist. Mit seinen drei Keplerschen Gesetzen ebnete er einer modernen Astronomie den Weg, die sich endgültig von mittelalterlichen Vorstellungen löste.

Die drei Keplerschen Gesetze. Was beschreiben sie eigentlich? Wer jetzt eine Lücke in seiner Allgemeinbildung verspürt, kann diese in Keplers letztem Wohnhaus schnell beheben. Kein Jahr vor seinem Tod bezog es der berühmte Astronom, nachdem ihn Albrecht von Wallenstein aus seinen Diensten entlassen hatte. In dem mittelalterlichen Gebäude unweit der Donau werden die Keplerschen Gesetze auf leicht verständliche Weise erklärt. Außerdem bieten Briefe, Bücher und andere Dokumente einen Einblick in das Leben von Galileos Zeitgenossen, mit dem er in Kontakt stand.

Über lange Zeit befand sich in dem unscheinbaren Keplerhaus eine Wirtschaft, bevor es 1959 fast der Abrissbirne zum Opfer gefallen wäre. Heute hat es wieder das Aussehen wie zu Keplers Zeiten. Das Mobiliar war natürlich nicht mehr vorhanden und musste im Antiquitätenhandel beschafft werden, um die Atmosphäre des 17. Jahrhunderts wieder aufleben zu lassen.

Der Besucher findet kein großes Museum vor, sondern ein historisches Gebäude, das an den Astronomen erinnert und sein Werk anschaulich erklärt. Keplers Grab kann man übrigens nicht besuchen. Die genaue Lage geriet in den Wirren des Dreißigjährigen Krieges in Vergessenheit.

Adresse Keplerstraße 5, 93047 Regensburg | Pkw A 93, Ausfahrt Regensburg-West, dann auf die Gumpelzhaimerstraße, dem Straßenverlauf folgen, links in den Weißgerbergraben, dann rechts in die Keplerstraße | Öffnungszeiten Sa, So und Feiertage: 10.30–16 Uhr | Tipp Bis zur Steinernen Brücke sind es nur ein paar Schritte.

75 Der Aussichtsturm

Der Blick vom Schlossberg

Jahrhundertelang thronte eine mächtige Burg auf dem 437 Meter hohen Schlossberg über Regenstauf und gewährte den Burgherren einen weitreichenden Blick über das Umland und den Fluss Regen. Bis 1504 konnte man diesen Blick genießen, dann fegte der Landshuter Erbfolgekrieg über das Land. Viele Orte in der Oberpfalz, darunter Freystadt oder Waldsassen, wurden zum Kriegsschauplatz. Die stolze Burg auf dem Schlossberg wurde bis auf die Grundmauern geschleift. Einzig heute noch vorhandenes Relikt ist eine Trinkwasserzisterne.

Zurück blieb ein kahler Schlossberg, auf dem die Bauern ihr Vieh weiden ließen. Das änderte sich jedoch, als sich der Königliche Geschichtsschreiber Bernhard Gilles (1822–1877) des Berges annahm und 1870 mit der Bepflanzung begann. Einige Honoratioren gründeten daraufhin 1871 den »Bergkulturverein«, der die Bepflanzung koordinierte und gleichzeitig einen Kreuzweg mit vielen Stationen anlegte.

Die Burg aber konnten die Honoratioren nicht wiederauferstehen lassen. Aber den sagenhaften Blick über Land und Fluss, der war machbar. Also ließen sie auf dem Gipfel einen Aussichtsturm errichten, der 1891 seiner Bestimmung übergeben wurde. Endlich konnte man den Blick der einstigen Burgherren nachempfinden. Allerdings nur bis in die 1950er Jahre, denn einige der über 200 Bäume erreichten allmählich die Höhe des Turmes. Es blieb nur eine Lösung, nämlich, den Turm aufzustocken, was 1952 auch geschah.

Heute kümmert sich der 1893 gegründete Bergverein Regenstauf um den Aussichtsturm und den Schlossberg, der in jüngster Zeit neue Ziele erhalten hat. Neben Lourdes-Grotte, Max-Pracher-Gedenkstein und Gillesdenkmal bildet nun der Ritterspielplatz hinter dem Turmhaus mit seinen hölzernen Wehranlagen eine Attraktion, zumindest für die Jüngeren. Die Reiferen können den Turm besteigen und sich dort wie die Ritter fühlen.

Adresse Schlossberg, 93128 Regenstauf | Pkw A 93, Ausfahrt Ponholz, dann auf der B 15 nach Regenstauf, dann links in die Bergstraße, die zum Schlossberg führt | Tipp Ganz in der Nähe befinden sich zwei sehenswerte Schlösser: Schloss Karlstein und Schloss Ramspau.

76 Der Bahnhof

Manns Pech, aber der Literatur Glück

Der weit über hundert Jahre alte Bahnhof von Regenstauf zählt zu den gepflegteren Exemplaren seiner Gattung und liegt an der alten Bahnlinie Regensburg–Schwandorf–Amberg–Nürnberg, die am 12. Dezember 1859 eröffnet wurde. Bald waren auch München, Dresden und Berlin zu erreichen. Aber dieser frühe Anschluss an das Schienennetz allein macht den kleinen Bahnhof, so schön er auch liegt, nicht zum Ziel. Vielmehr ist es das Eisenbahnunglück, das sich in unmittelbarer Nähe des Bahnhofs am 1. Mai 1906 ereignete und den kleinen Bahnhof in die Geschichte und Literaturgeschichte eingehen ließ. Eine kleine Gedenktafel an der Brückenwand der Bahnunterführung erinnert mit wenigen Sätzen an den Vorfall, der den Bahnhof schlagartig ins Rampenlicht rückte.

Der Nachtzug von München nach Berlin fuhr mit 80 Stundenkilometern in den Bahnhofsbereich ein. Ein Signal gab den Weg frei, doch eine defekte Weiche leitete den Zug auf ein falsches Gleis, auf dem ein Güterzug wartete. Der Lokomotivführer versuchte noch, den Zug zu bremsen, sprang dann aber zusammen mit seinem Heizer von der Lok. Mit etwa 50 Stundenkilometern prallte der Nachtzug auf den Güterzug, zerdrückte zehn Güterwaggons und ließ weitere zehn entgleisen. Auch die beiden Lokomotiven entgleisten und wurden schwer beschädigt. Wie durch ein Wunder wurde keiner der Passagiere schwer verletzt, auch Thomas Mann (1875–1955) nicht, der auf dem Weg nach Berlin war.

Am 6. Januar 1909 erschien Manns Novelle »Das Eisenbahnunglück«, das auf seinen Erlebnissen am Bahnhof von Regenstauf basiert. Dank des Nachtzugs »D 21« und quasi über Nacht wurde so der Vorfall weltberühmt, denn der spätere Nobelpreisträger wob die realen Ereignisse geschickt in die Novelle ein, die nun untrennbar mit dem kleinen Bahnhof verbunden ist. Mehr noch, Mann wählte immer wieder gerade diese Novelle für Lesungen aus und steigerte so dessen Bekanntheitsgrad.

Adresse Bahnhofstraße 22, 93128 Regenstauf | **Pkw** A 93, Ausfahrt Ponholz, dann auf der B 15 nach Regenstauf, dann nach links in die Bahnhofstraße | **Tipp** Das Schloss Hirschling aus dem 12. Jahrhundert hat eine interessante Baugeschichte und war bis 1972 eine Schule.

77 Das Schloss Spindlhof

Neugotik trifft Moderne

Vor den Toren von Schloss Spindlhof fällt gelegentlich der Satz: »Wie konnten die das bloß machen?« Die Frage gilt dem architektonischen Patchwork, denn die Anlage besteht aus stilistisch sehr unterschiedlichen Gebäuden aus verschiedenen Jahrzehnten. Das hier und da zu beobachtende Kopfschütteln über das Neben- und Ineinander von Alt und Neu ist jedoch der Unkenntnis der Geschichte zu verdanken. Das Schloss hat nämlich seit seiner ersten Erwähnung vor gut 400 Jahren keine längere Periode des Stillstands erlebt, sondern wurde regelmäßig den Interessen der jeweiligen Eigentümer baulich angepasst. Das fängt schon mit dem ursprünglichen Gebäude an, einem Mühlhof genannten größeren landwirtschaftlichen Betrieb, zu dem auch eine Wassermühle gehörte. Dessen Besitzer, Hans Spindler, verdankt das Schloss seinen Namen.

Gleich zehnmal wechselten im Laufe der Zeit die Eigentümer, die dem Anwesen ihren Stempel aufdrückten. Immer waren die Gebäude in Bewegung, einen eigentlichen oder typischen Bauzustand gab es nie. Fragen nach diesem Zustand, bei anderen historischen Gebäuden durchaus angebracht, sind in diesem Fall also von vornherein unangebracht. Passender sind Fragen nach temporären Zuständen, nach der Entwicklung des Gebäudekomplexes. Wer sie stellt, ist schnell mit den scheinbaren stilistischen und architektonischen Widersprüchen versöhnt. Aus dem Nebeneinander wird ein Miteinander.

Den bis dahin größten Eingriff hat das Schloss Freiherr Emil von Zakrewski zu verdanken, der das Anwesen1891 erwarb und das Hauptschloss in neugotischem Stil umbaute. 1950 wurde der Nordflügel hinzugefügt, 1999 folgte ein Saalanbau und 2004 die Albertus-Magnus-Kirche.

Seit 1947 gehört das Schloss dem Bistum Regensburg. Genutzt wird das Schloss mit seinen sechs Gebäudeteilen als Bildungs- und Tagungsstätte, steht aber auch nicht kirchlichen Veranstaltern zur Verfügung.

Adresse Spindlhofstraße 23, 93128 Regenstauf | Pkw A 93, Ausfahrt Ponholz, dann auf der B 15 nach Regenstauf, vor der Brücke über den Regen nach links in die Spindlhofstraße | Öffnungszeiten unter www.schloss-spindlhof.de, von außen immer | Tipp Die Burgruine Forstenberg befindet sich im Ortsteil Karlstein. Die Burg wurde leider im 17. Jahrhundert aufgegeben.

78 Die Kamel-Ranch

Abenteuer für City Sliker und Trackfans

In der Hollywoodkomödie »City Slikers« von 1991 stellen sich einige Städter ihrer Midlife-Crisis, indem sie an einem Viehtrieb teilnehmen. In den USA ist diese Möglichkeit selbstverständlich, während man bei uns so etwas schon suchen muss. In der Oberpfalz bietet eine kleine Ranch Abenteuerlustigen die Möglichkeit, dem Alltag zu entfliehen und das Sofa mit dem Sattel zu tauschen. Dabei ist »Dirty Tracks«, wie sich die kleine Farm nennt, keine Westernstadt und kein Ponyhof mit Reitbahn. Hier gibt es keine Kulissen, gespielte Szenen oder Showeinlagen, hier ist alles echt. Selbst die Rinder für den Cattle Drive, den Viehtrieb, sind echte Rinder. Denn Uschi Garhammer und Alfons Heindl, die Rancher, züchten eigens schottische Hochlandrinder. Diese langhaarige Rasse zieht Leiterwagen mühelos durch knietiefes Wasser und kann sogar geritten werden. Der programmatische Name »Dirty Tracks« wird auch sonst eingelöst. Ohne Wasser- oder Schlammfleck kommt man nicht zurück. Doch genau darum geht es hier, um das Authentische.

Wanderritte und Viehtriebe führen durch die Wildnis der Oberpfälzer Prärie und versetzen den Teilnehmer einer der Tagestouren in eine andere Welt, die sich eigentlich in Nordamerika befindet. Nicht nur für Städter ist es die Gelegenheit, Wiesen, Wälder und Bäche einmal ganz anders zu erfahren. Dabei spielt die Jahreszeit keine Rolle, denn im Winter wird der Leiterwagen einfach durch einen Schlitten ersetzt.

Die beiden Stars der »Dirty Tracks« sind zwei Zirkus-Kamele. Auch sie stehen für Trekkingtouren zur Verfügung. Die ausgesprochen freundlichen Tiere tragen die Reiter, die spürbar höher sitzen als auf einem Pferderücken, sanft schaukelnd durch die Landschaft. Wer nicht gleich einen ganzen Tag unterwegs sein will, kann auch nur für eine halbe Stunde das ungewohnte Gefühl genießen, zwischen zwei Höckern zu sitzen.

Adresse Dr.-Carl-Eibes-Straße 2, 92253 Schnaittenbach, www.dirty-tracks.de | Pkw A 6, Ausfahrt Amberg-West, dann in Richtung Zentrum auf der B 299 bis nach Ammersricht, dort nach rechts auf die Staatsstraße 2238 bis nach Schnaittenbach, dort nach rechts auf die B 14 fahren, in der Ortsmitte nach rechts in »Auf der Loh« und wieder nach rechts in die Dr.-Carl-Eibes-Straße | Öffnungszeiten unter Tel. 0176/31426843 | Tipp Die Kirche St. Vitus in Schnaittenbach mit ihrer barocken Innenausstattung aus dem Jahr 1712.

79_Das Centrum Bavaria Bohemia

Wie aus Feinden Freunde wurden

Bis zur Samtenen Revolution 1989 lag Schönsee an der Grenze zur Tschechoslowakei, eine Grenze, die als Eiserner Vorhang ebenso bekannt wie gefürchtet war. Von Schönsee aus gab es nur eine Richtung, in die man fahren und sich orientieren konnte, nämlich nach Westen. Die Grenze im Osten war das Ende der Welt. Dann überschlugen sich die Ereignisse. Am 24. November 1989 sprach Václav Havel auf dem Wenzelsplatz, am 11. Dezember begann der Abbau der Grenzbefestigungen zur Bundesrepublik. Quasi über Nacht lag Schönsee mitten in einem neuen Europa und hatte plötzlich einen neuen Nachbarn. Böhmen war zwar schon vor der Wende da, aber isoliert, unsichtbar und in Vorurteile verpackt.

Das Verschwinden einer Grenze ist eine Sache, der Aufbau freundschaftlicher und nachbarschaftlicher Beziehungen eine andere. Und wer soll diese Aufgabe übernehmen? Städte? Landkreise? Bundesländer? Nach langer Diskussion gründeten 36 engagierte Bürger aus Bayern und Böhmen 2004 den Verein »Bavaria Bohemia e. V.« mit dem Ziel: »Brücken bauen – Freundschaft wagen«. Als bauliches Zentrum wurde das unter Denkmalschutz stehende Kommunbrauhaus von Schönsee ausgemacht und entsprechend umgebaut. Das Ergebnis ist beeindruckend und wurde gleich mit drei renommierten Architektur- und Kulturpreisen ausgezeichnet.

Seit der Eröffnung 2006 bemühen sich mittlerweile 370 Mitglieder des Vereins in der neu geschaffenen Begegnungsstätte darum, die alten Gräben zuzuschütten. Sprachkurse und Feste, Ausstellungen und Aktionen aller Art schaffen Verständnis und Vertrauen. Schließlich hatte man sich über viele Jahrzehnte aus den Augen verloren und als Feind betrachtet. Bei einem Besuch im Centrum Bavaria Bohemia (CeBB) aber merkt man, dass diese dunklen Zeiten nun vorbei sind. Deutsche und Tschechen reden, feiern und arbeiten hier wieder zusammen.

Adresse Freyung 1, 92539 Schönsee | **Pkw** A 6, Ausfahrt Waidhaus, dann in Richtung Schönsee auf der Staatsstraße 2154 nach Schönsee fahren, in der Ortsmitte nach links in die Totengasse und geradeaus in die Weidinger Straße bis zum CeBB | **Öffnungszeiten** unter www.bbkult.net | **Tipp** In der Dietersdorfer Straße befindet sich die Bebenburg, ein ehemaliges Hammerwerk aus dem 18. Jahrhundert.

80 Der Gasthof zur Post

Das vielleicht älteste Haus der Stadt

Im Landshuter Erbfolgekrieg (1504–1505) standen sich Rupprecht von der Pfalz und Albrecht IV., Herzog von Bayern-München, unnachgiebig gegenüber. Die Stadt Schwandorf stellte sich auf die Seite von Herzog Albrecht IV. und musste einen hohen Preis zahlen. Am 5. Juni erschienen die Truppen Rupprechts vor den Toren der Stadt, konnten aber abgewehrt werden. Am 2. August kehrten sie mit Verstärkung zurück und eroberten schließlich die Stadt. Trotz zahlreicher Verhandlungen und Angebote plünderten die Pfälzer Schwandorf und brannten die Stadt nieder. Ganze fünf Häuser überstanden den verheerenden Brand, darunter auch der Gasthof zur Post.

Er hat also gestanden, als die Pfälzer kamen. Doch wann er errichtet wurde, ist unbekannt. Einige Historiker glauben, er sei sogar das älteste erhaltene Haus der Stadt. Auf jeden Fall ist der Gasthof das geschichtsträchtigste. Denn er hat viele Kriege erlebt und überstanden, zuletzt den Zweiten Weltkrieg, in dem auch Schwandorf bombardiert worden ist. Aber das Gebäude hat auch viele positive Begegnungen zu verzeichnen. Kein Wunder, denn seit 1635 hielt hier die Postkutsche. Damals hieß der Gasthof noch »Zum weißen Schwan« und bot den Reisenden Speisen, Getränke, Unterkunft und frische Pferde.

Frische Pferde benötigte auch Johann Wolfgang von Goethe (1749–1832), als er am 4. September 1786 den Gasthof erreichte. Der berühmte Dichter war gerade zu seiner Italienischen Reise aufgebrochen und hat den Aufenthalt auch notiert. Ein weiterer bekannter Gast ist der Maler Caspar David Friedrich (1774–1840), der hier sogar übernachtete und 1858 den Blasturm auf einem Ölbild verewigte. Im 18. Jahrhundert erhielt der Gasthof am Marktplatz übrigens sein heutiges Aussehen. Dazu gehört auch der auffällige Schneckengiebel, an dem man den historischen Gasthof sofort erkennt. Der Gasthof beherbergt heute ein mexikanisches Restaurant.

Adresse Marktplatz 3, 92421 Schwandorf | **Pkw** A 93, Ausfahrt Schwandorf-Süd, dann in Richtung Schwandorf auf der B 15 (Regensburger Straße) bis zum Marktplatz fahren | **Öffnungszeiten** Mo, Mi, Do 17–24 Uhr; Fr, Sa 17–1 Uhr; So 11–14 und 17–23 Uhr | **Tipp** In der Breiten Straße 25 findet man die Schwandorfer Hufschmiede, heute ebenfalls ein Gasthof. Auch dieses Haus überstand den Erbfolgekrieg.

81 Die Kebbel-Villa

Ein Haus für Künstler

Die Kebbel-Villa wurde nicht von dem Gutsbesitzer Andreas Kebbel erbaut, sondern nur nach ihm benannt. Erbauen ließ sie der Unternehmer Josef Eigner. Doch kaum war die Gründerzeitvilla im Stil des Historismus fertig, da starb Eigner 1885. Kebbel erwarb die Villa und wurde so zum Namensgeber. Bis 1966 bewohnte die Familie das schlossähnliche Gebäude, um es dann an die Gemeinde Fronberg zu verkaufen. Nach der Eingemeindung kam die Villa 1972 in den Besitz der Stadt Schwandorf, die das Gebäude zunächst als Jugendzentrum nutzte, sich aber in den 1980er Jahren umentschied. Die Kebbel-Villa besaß einfach zu viel Potenzial und wurde zunächst einmal gründlich renoviert.

Eigentlich entspricht die Gründerzeitvilla nicht dem Ideal eines modernen Ausstellungsgebäudes, denn sie bietet unverkennbar ein historisches Ambiente. Sie ist selbst ein Objekt, das bewundert wird, anstatt sich unauffällig im Hintergrund zu halten und die Aufmerksamkeit den Kunstwerken zu überlassen. Die Villa besitzt eben keine nackten Betonwände wie so viele moderne Museen. Und dennoch gelang die Umwandlung in ein Künstlerhaus, denn Maler und Musiker fühlen sich hier wohl und vermissen die Betonhallen der großen Museen nicht. Die Villa verfügt über 300 Quadratmeter Ausstellungsfläche, eine gut ausgestattete Druckwerkstatt im Untergeschoss, Atelierräume und eine Bühne im Dachgeschoss.

Jährlich gibt es fünf Ausstellungen mit Werken von Künstlern aus der Oberpfalz. Dazu kommen Lesungen, Konzerte aller Art und Kabarett- und Theateraufführungen. Ein zwar buntes, jedoch kein beliebiges Programm. Der Leitung geht es um Vielfalt auf einem hohen Niveau. Im Mai 2000 wurde das Künstlerhaus durch ein zweites ergänzt, das für Künstleraufenthalte und ein internationales Künstleraustauschprogramm genutzt wird. Autoren, Maler und Musiker können hier ungestört arbeiten. Besuchen sollte man also die Kebbel-Villa.

Adresse Fronberger Straße 31, 92421 Schwandorf, www.oberpfaelzer-kuenstlerhaus.de | Pkw A 93, Ausfahrt Schwandorf-Nord, dann in Richtung Schwandorf auf der B 85, diese aber gleich wieder verlassen und nach links in die Fronberger Straße fahren | Öffnungszeiten Mi, Do 12–18 Uhr, So 11–16 Uhr | Tipp Im Ortsteil Fronberg liegt das Schloss Fronberg, das zu besichtigen ist und im Sommer ein umfangreiches Kulturprogramm im Innenhof bietet.

82 Das Kellerlabyrinth

Eine untergärige und unterirdische Geschichte

Mit dem Bier hat alles angefangen. Über viele Jahrhunderte setzten die Brauer nur obergärige Hefe ein, doch im 15. Jahrhundert veränderte die untergärige Hefe zunehmend das Geschäft. Dieser Hefetyp verlangte niedrige Temperaturen von maximal neun Grad und sorgte nicht nur für ein sehr süffiges Bier, sondern auch für eines mit weniger Bakterien und Pilzen. Ein gutes, ein lange lagerfähiges Bier. Doch wo sollte man es brauen und lagern? Die Schwandorfer fanden schnell eine Lösung und begannen, Keller in den Sandstein zu treiben. Tief genug im Fels herrschten genau die benötigten Temperaturen. Die ersten Keller werden 1521 erwähnt.

Das untergärige Bier wurde nicht nur ein lokaler Erfolg, sondern auch ein Exportschlager. Bald konnte man sogar in Regensburg das Schwandorfer Bier kaufen. Der Dreißigjährige Krieg bremste die Brauer, doch nach 1648 konnten sie schnell wieder an den Erfolg anknüpfen. 1727 waren bereits 68 Kellerbesitzer amtlich verzeichnet. Der Sandstein wurde mehr und mehr zu einem Schweizer Käse. Nach dem Ersten Weltkrieg setzte sich die moderne Kühltechnik durch und machte die Keller für die Brauereien überflüssig. Die Keller dienten nun vor allem als Lager für Lebensmittel und riefen immer wieder Kellerdiebe auf den Plan, die einfach Wände von einem Keller zum nächsten durchbrachen und so die Unterwelt in ein Labyrinth verwandelten.

Im Zweiten Weltkrieg wurden die Keller zu Luftschutzbunkern umgebaut, die Tausenden das Leben retteten. Dann aber gerieten sie in Vergessenheit und wurden mit Schutt und Müll verfüllt. Erst in den 1970er Jahren erkannte man die historische Bedeutung der Keller und begann mit ihrer Restaurierung. Heute sind wieder viele Keller zugänglich und werden unter anderem für kulturelle Veranstaltungen genutzt. Regelmäßig werden Führungen angeboten, die unbedingt warme Kleidung erforderlich machen – auch im Hochsommer.

Adresse an verschiedenen Orten in der Stadt, vor allem in der Fronberger Straße, der Waldgasse, der Weinbergstraße, der Spitzwegstraße und der Schießstättengasse, 92421 Schwandorf, www.schwandorf.de | Pkw A 93, Ausfahrt Schwandorf-Süd, dann in Richtung Schwandorf auf der B 15 (Regensburger Straße), im Gewerbegebiet nach rechts auf die Industriestraße fahren, dann nach links in die Sommerstraße | Öffnungszeiten Führungen und Veranstaltungen im Internet und unter 09431/45124 | Tipp Der Blasturm in der Blasturmgasse ist das Wahrzeichen der Stadt und wurde bereits von Carl Spitzweg gemalt.

83 Der Krokodilsee

Anglerparadies mit Überraschungen

Den Schreck kann man sich gut vorstellen. Als Christian Zinnbauer im Oktober 2007 am Schwarzenfelder Sturmsee zu schon nächtlicher Stunde seine Angeln einholen will, fällt ihm ein sonderbarer Ast auf. Nie zuvor war ihm dieser große Ast an seinem vertrauten Platz aufgefallen. Kaum sieht er näher hin, bewegt sich der vermeintliche Ast und schwimmt auf ihn zu. Zuerst denkt Zinnbauer an einen großen Fisch, doch dann traut er seinen Augen nicht. Vor ihm schwimmt ein zwei Meter langes Krokodil. Umgehend informiert der Angler die Polizei, die sofort reagiert. Der See wird abgesperrt, während Hubschrauber das Wasser absuchen. Bald ist von »Nessie von Schwarzenfeld« die Rede. Sogar das ZDF-Morgenmagazin berichtet.

Die Suche bleibt ohne Erfolg, das Krokodil ein Phantom. Zoologen vermuten, es könnte sich um einen großen Biber gehandelt haben. Oder doch einen großen Fisch. Denn die gibt es im Sturmsee, im Grünen See und den vielen anderen Seen und Weihern rund um Schwarzenfeld, vor allem Karpfen, Welse, Hechte, Barsche, Schleie und Zander. Weltbekannt ist eine Züchtung, der »Schwarzenfelder Spiegelkarpfen«, auf den viele Köche schwören. Viele der Seen wurden von Menschenhand geschaffen, denn sie sind voll Wasser gelaufene Kiesgruben. Auf diese Weise sind auch in den letzten Jahren neue Seen hinzugekommen.

Die so entstandenen Anglerparadiese inklusive eines vier Kilometer langen Fischlehrpfads sind auch Paradiese für Naturfreunde und Erholungssuchende. Man muss also keineswegs in die Ferne schweifen, um Ruhe und Abgeschiedenheit im Grünen zu finden, eine Fahrt nach Schwarzenfeld reicht schon aus. Auch sind die einzelnen Seen gut beschildert, sodass kein Zweifel über die möglichen Arten der Nutzung besteht. Vor Krokodilen wird seit Längerem nicht mehr gewarnt. Was noch lange nicht bedeutet, dass nicht eines von ihnen plötzlich doch aus dem Sturmsee auftauchen könnte.

Adresse Regensburger Straße, 92521 Schwarzenfeld | **Pkw** A 6, Abfahrt Amberg-Ost, dann in Richtung Schwandorf auf der Staatsstraße 2151, die nach Schwarzenfeld führt, geradeaus in die Neue Amberger Straße, dann in die Regensburger Straße, dort muss man den richtigen See erfragen | **Öffnungszeiten** immer, aber besser tagsüber | **Tipp** Das Schloss Schwarzenfeld samt Schlosspark aus dem 14. Jahrhundert mit seinen beiden Türmen ist sehenswert.

84 Die gerettete Synagoge von Sulzbach

Masel tov!

Die jüdische Gemeinde in Sulzbach war schon in den 1920er Jahren derart geschrumpft, dass die 1824 errichtete Synagoge, die einen Vorgängerbau ersetzte, schließlich aufgegeben werden musste. Die Stadt erwarb das Gebäude 1936 und baute es zum neuen Heimatmuseum um. So entging sie den Ausschreitungen der Reichspogromnacht 1938, der nach neueren Forschungen über 1.400 Synagogen und Bethäuser zum Opfer fielen. Nach dem Krieg ging es in Privatbesitz über und diente als Wohnhaus, bevor es 2008 von der Stadt gekauft und bis 2013 umfassend saniert und restauriert wurde. Der bayerische Ministerpräsident Günther Beckstein und Charlotte Knobloch, Präsidentin des Zentralrats der Juden in Deutschland, und andere Prominente unterstützten das aufwendige Projekt.

Die Archäologen und Restauratoren hatten Glück, denn sie fanden die originale Bausubstanz weitgehend intakt vor. Selbst der Hochzeitsstein oder Chuppastein war noch vorhanden und kam unter einer Putzschicht lediglich leicht beschädigt zum Vorschein. An dem Stein wurden im Rahmen der Hochzeit Trinkgläser zerschlagen, um an die Zerstörung des Tempels von Jerusalem zu erinnern. Die originale Ausstattung ging allerdings verloren, da sie nach 1930 nach Amberg gelangte und dort den Ausschreitungen der Nazis zum Opfer fiel. Die Außenfassade mit ihren Mäanderfriesen und Ecklisenen wurde wieder in den Originalzustand versetzt. Bima und Thoraschrein sind aber in Umrissen dargestellt.

Am 31. Januar 2013 wurde die restaurierte Synagoge feierlich eingeweiht und dient nun als Erinnerungs- und Begegnungsstätte. Hundert Jahre zuvor wurde sie als »eine der schönsten Synagogenbauten Bayerns« bezeichnet. Nach einer langen und unfreiwilligen Auszeit hat sie diesen Status heute wieder erreicht. Das jüdische Leben und die jüdische Kultur fehlen jedoch.

Adresse Synagogenstraße 9, 92237 Sulzbach-Rosenberg, www.sulzbach-rosenberg.de | **Pkw** A 6, Ausfahrt Sulzbach-Rosenberg, dann in Richtung Sulzbach-Rosenberg auf der Staatsstraße 2164, die am Stadtrand zur B 14 wird, nach links in die Neumarkter Straße, die zur Bergstraße wird, nach rechts auf den Kugelplatz und gleich wieder links in die Synagogenstraße | **Öffnungszeiten** Mi, So 14–17 Uhr | **Tipp** Das Rathaus ist ein wahres Schmuckstück und befindet sich in unmittelbarer Nähe.

85 Die historische Druckerei J. E. v. Seidel

Wo die schwarze Kunst zu Hause ist

Der Verleger und Drucker Johann Esaias von Seidel (1758–1827) war eine der einflussreichsten Persönlichkeiten Bayerns seiner Zeit. Er übernahm 1780 die Verlagsdruckerei seines Onkels in Sulzbach und machte sie zu einem modernen Betrieb. In seiner Druckerei entstanden katholische, protestantische und zeitweise auch jüdische Werke, denn Seidel war ein Wegbereiter der Toleranz und der Ökumene. Nach seinem Tod führten seine Söhne den Betrieb noch eine Weile weiter, bevor sie ihn verkauften. Der letzte Besitzer stellte die Druckerei 1976 ein, betrieb aber bis 2006 noch eine Buchhandlung.

Nach 2006 nahmen sich gleich zwei Vereine des Erbes an, »Historische Druckerei J. E. v. Seidel – Forum für Kunst und Kultur e. V.« und der »Förderkreis Historische Druckerei Seidel e. V.«. Ihnen gelang es, den noch weitgehend erhaltenen Druckereisaal behutsam zu renovieren und die technische Einrichtung zu erhalten. Bei der Inventur des traditionsreichen Betriebs kamen viele Schätze zum Vorschein, etwa ein Tangentenflügel, also ein Klavier, aus dem Jahr 1790, von denen es nur noch sehr wenige gibt. Als Sensation wurde der Fund einer bislang unbekannten Bildergeschichte von Wilhelm Busch eingestuft. »Der Kuchenteig« entstand um 1863 und stellt wahrscheinlich eine Art Entwurf für »Max und Moritz« dar.

Nach reichlich Vorarbeit konnten beide Vereine 2011 die Historische Druckerei der Öffentlichkeit vorstellen. Neben dem restaurierten Druckereisaal mit alten Heidelberg-Druckerpressen und den unverzichtbaren Setzkästen voller Lettern sind auch kulturelle Einrichtungen wie eine Kleinkunstbühne und ein Café entstanden. Führungen und Workshops ergänzen das Programm. Gerade im digitalen Zeitalter, in dem die schwarze Kunst zunehmend verschwindet und Texte dem E-Book überantwortet werden, ist der Erhalt dieser Druckerei von besonderer Bedeutung.

Adresse Luitpoldplatz 4, 92237 Sulzbach-Rosenberg, www.historische-druckerei-seidel.de | **Pkw** A 6, Ausfahrt Sulzbach-Rosenberg, dann in Richtung Sulzbach-Rosenberg auf der Staatsstraße 2164, die am Stadtrand zur B 14 wird, links in die Neumarkter Straße, links in die Bergstraße, dann gleich wieder rechts auf den Luitpoldplatz | **Öffnungszeiten** unter 09661/510110 | **Tipp** Der »Sulzbacher Bergbaupfad« gibt Auskunft über die Geschichte des Bergbaus in der Region. (www.bayerische-eisenstrasse.de)

86 Das Manuskript der »Blechtrommel«

Der Schatz des Literaturarchivs Sulzbach-Rosenberg

»Die Blechtrommel« von Günter Grass, darin sind sich alle einig, ist der wichtigste Roman der Nachkriegszeit und verhalf dem Autor schließlich sogar zum Nobelpreis. Der 1959 veröffentlichte erste Teil der »Danziger Trilogie« gab der deutschen Literatur nach 1945 wieder ein Gesicht, nämlich das von Oskar Matzerath. Die Geschichte des kleinen Wachstumsverweigerers ging um die Welt und gehört längst zur Weltliteratur. Geschrieben hat sie Grass in Paris, und nach eigenen Aussagen hat er dafür gesorgt, dass keine Manuskriptfassung erhalten geblieben ist. Seine Absicht war es, möglichen Forschern und Germanisten auf ihrer Suche nach »Sekundärem«, so Grass, einen Strich durch die Rechnung zu machen. Die Manuskripte, eigentlich ja Typoskripte, hat er also bewusst im Ofen verbrannt.

Dann verblüffte der englische Literaturwissenschaftler John Reddick 1970 nicht nur die Fachwelt. In einer Abstellkammer von Grass' Pariser Wohnung stieß er auf einen vergessenen Koffer des Autors, in dem sich tatsächlich noch das Manuskript einer frühen Fassung der »Blechtrommel« befand. Eine echte Sensation, die man auch noch mit eigenen Augen betrachten kann, denn der Fund gelangte ins Literaturarchiv nach Sulzbach-Rosenberg.

Gegründet wurde das Archiv 1976 von dem aus Sulzbach-Rosenberg stammenden Germanisten Walter Höllerer (1922–2008) und ist im alten Amtsgericht der Stadt untergebracht. Höllerer war Mitherausgeber der Literaturzeitschrift »Akzente« und verfügte über rund 35.000 Briefe namhafter Autoren und Literaten, die den Grundstock des Archivs bildeten. Auch der gesamte Nachlass Höllerers ging an das Archiv, das sich als Treffpunkt von Autoren, Literaturfreunden und Forschern sieht. Ein Treffpunkt, der durchaus Sensationelles zu bieten hat, wie etwa das Manuskript der »Blechtrommel«. Aber das ist nicht der einzige literarische Schatz, den der Besucher hier heben kann.

Adresse Rosenberger Straße 9, 92237 Sulzbach-Rosenberg, www.literaturarchiv.de | **Pkw** A 6, Ausfahrt Sulzbach-Rosenberg, dann in Richtung Sulzbach-Rosenberg auf der Staatsstraße 2164, die am Stadtrand zur B 14 und zur Rosenberger Straße wird | **Öffnungszeiten** Di–Fr 9–17 Uhr, So 14–17 Uhr | **Tipp** Das 1979 gegründete Schulmuseum in Rosenberg, Schlossbergweg 10a.

87_Die Maxhütte …

… erzählt vom Ende der Eisenzeit

Eisenerz wurde in der Oberpfalz schon im Mittelalter abgebaut und verarbeitet. Somit lag die Idee auf der Hand, die industrielle Revolution zum Bau eines Hüttenwerkes zu nutzen.

Mitte des 19. Jahrhunderts war die Zeit reif, erste kleine Werke entstanden, bevor 1864 in Rosenberg der erste Kokshochofen in Betrieb genommen wurde. Das Eisenwerk wurde nach dem bayerischen König Maximilian II. benannt und hieß entsprechend Maximilianshütte. Rund 150 Jahre lang wurde in Rosenberg Eisen verhüttet und weiterverarbeitet, bevor der Betrieb der deutschen und internationalen Konkurrenz nicht mehr gewachsen war. Die letzte deutsche Erzgrube in Auerbach wurde 1987 geschlossen, der letzte Stahl 2002 produziert.

Die Schließung war ein jahrzehntelanger Prozess, begleitet von Protesten, Besitzerwechseln und politischen Absichtserklärungen. Nicht zuletzt, weil in den Hochzeiten der Hochöfen über 9.000 Menschen in der Maxhütte ihren Lebensunterhalt verdienten. Die Schließung traf die Region hart, die Folgen sind noch immer spürbar.

Das riesige Hüttenwerk steht noch immer und ist ein Industriedenkmal ersten Ranges. Der Platz reicht bei Weitem nicht aus, alle technischen Details aufzulisten. Es beginnt bei den beiden größten und stärksten Dampfmaschinen der Welt, geht weiter mit gleich fünf Hochöfen und ihrer zum Teil einzigartigen Technik bis hin zur seinerzeit modernsten Stranggussanlage.

Im Gegensatz zu anderen Hütten findet man in der Maxhütte sämtliche Schritte der Produktion von der Anlieferung des Erzes bis zur Fertigung von Endprodukten. Da sich diese Schritte dem Laien nicht erschließen, sollte man an einer Führung teilnehmen. Dort wird auch die Frage behandelt, was aus der Industrieruine langfristig werden soll. Leider ist diese Frage noch offen, zumal der Erhalt große Summen verschlingen wird. Erhaltenswert ist die Maxhütte auf jeden Fall.

Adresse Erzhausstraße 1, 92237 Sulzbach-Rosenberg, www.industriegeschichte.net | **Pkw** A 6, Ausfahrt Sulzbach-Rosenberg, dann in Richtung Sulzbach-Rosenberg auf der Staatsstraße 2164, die am Stadtrand zur B 14 wird, vor der Bahnlinie nach rechts in die Goethestraße, die zur Südstraße und zur Frommstraße wird und schließlich in die Erzhausstraße einmündet | **Öffnungszeiten** Führungen unter www.sulzbach-rosenberg.de | **Tipp** Nicht weit entfernt, in der Straße »Am Annaschacht«, befindet sich der 1974 stillgelegte Annaschacht, der die Maxhütte beliefert hat.

88 Der Obstlehrpfad

Sieben Kilometer Äpfel, Birnen und Kirschen

Berlepsch, Goldparmäne, Krügers Dickstil, Roter Herbstkalvil, Berliner Schafsnase – wer kennt sie noch, die vielen alten Apfelsorten, von denen es in Deutschland etwa 1.600 gibt. Wer sie nicht kennt, kann sie kennenlernen, etwa auf dem Obstlehrpfad, der von Tännesberg über Kleinschwand nach Kößing führt. Denn in unseren Supermärkten werden nur etwa 20 verschiedene Sorten angeboten, von denen auch viele aus Neuseeland oder Südafrika stammen. Nicht selten haben diese Äpfel einst typische Charakteristika verloren und sind zu durchschnittlichen Standardäpfeln geworden, zu Produkten einer globalen Agrarindustrie.

Tännesberg hält mit seinem Obstlehrpfad dagegen und präsentiert seit 1993 Äpfel, Birnen, Kirschen, Mirabellen und Zwetschgen mit Geschichte, Charakter und Geschmack. Über 1.000 Neuanpflanzungen ergänzen mittlerweile die alten Bestände der Streuobstwiesen. Eine kaum vorstellbare Vielfalt, von der keineswegs nur der neugierige Besucher profitiert, sondern auch die Natur. Das trifft sich gut, denn Tännesberg ist zugleich die »Bayerische Modellgemeinde Diversität«. Auf einer Fläche von 47 Quadratkilometern wird die Biodiversität gezielt und erfolgreich erhöht. Hier trifft man noch auf Schwarzstörche, Kreuzottern und seltene Tagfalter. Aber auch auf alte Kulturpflanzen wie Emmer und Einkorn.

Da ist ein Obstlehrpfad genau die passende Ergänzung, die auch von Insekten, Vögeln und anderen Tieren geschätzt wird. Der geübte oder auch nur neugierige Beobachter entdeckt auf den sieben Kilometern auch zahlreiche Tierarten, die anderswo längst ausgestorben sind.

Und selbstverständlich kann man die seltenen Obstsorten in Tännesberg auch kaufen und vergessen geglaubte Aromen genießen, frisch oder als Saft, als Mus oder als Obstler. Der sieben Kilometer lange Lehrpfad fällt nicht so schwer wie die Rückkehr in die Welt der Supermarktobsttheken.

Adresse Pfreimder Straße 1, 92723 Tännesberg, www.taennesberg.de | Pkw A 6, Ausfahrt Leuchtenberg, dann in Richtung Tännesberg, auf der B 22 direkt nach Tännesberg fahren | Tipp Sehenswert ist der Schlossberg von Tännesberg, von dem aus man bei gutem Wetter mehrere andere Burgen und Ruinen sehen kann, etwa Leuchtenberg oder Wildstein.

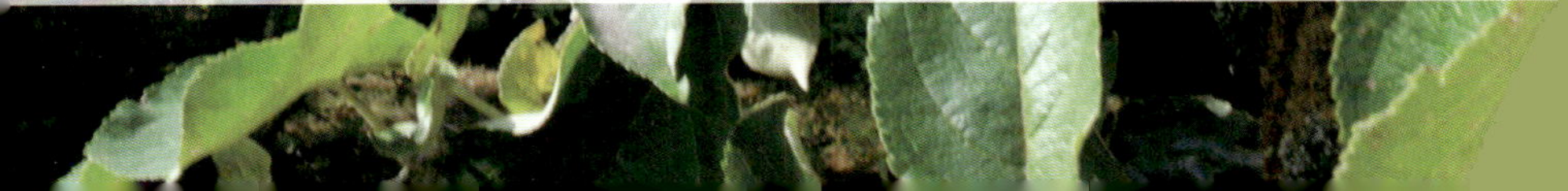

89 Die Sankt-Wolfgangs-Eiche

Der Baum der Legenden

Die Eiche ist ein besonderer Baum. Sie wird älter als die meisten anderen Bäume und kann 30 und mehr Menschengenerationen überleben. Ihr Holz ist hart und kann ebenfalls Jahrhunderte überdauern. Die Bäume selbst sind imposante Erscheinungen mit dicken und hochgewachsenen Stämmen. Grund genug also für die Menschen, die Eiche seit jeher als heiligen Baum zu verehren. Im Christentum ist die Eiche ein Symbol für das ewige Leben und Maria. Eichen dienten lange Zeit als Orte der Gerichtsbarkeit.

Eine der alten Eichen, um die sich viele Geschichten ranken, ist die Sankt-Wolfgangs-Eiche, die in der Nähe von Thalmassing bei Schloss Haus steht. Einer Legende nach wurde sie von Wolfgang von Regensburg (924–994) gepflanzt, weil sein Bote es geschafft hatte, eine große Menschenmenge auf einem Hügel bei Thalmassing zu versammeln. Auf dem Weg dorthin war dem Boten das Pferd gestohlen worden. Doch als er am Morgen darauf erwachte, stand ein neues und schnelles Pferd für ihn bereit. Er konnte seinen Auftrag erfüllen und der Bischof und Missionar erfolgreich predigen. Anschließend, so will es die Legende, pflanzte er die später nach ihm benannte Stieleiche, Botanikern als Quercus robur bekannt.

Demnach müsste sie über 1.000 Jahre alt sein, was Botaniker jedoch kritisch sehen. Die Angaben schwanken zwischen 600 und tatsächlich 1.000 Jahren. Manche Baumkenner zählen sie zu den drei ältesten Eichen Deutschlands. Aber wer weiß das schon genau. In einem Meter Höhe beträgt der Umfang des Stamms rund 10 Meter. Der Stamm ist von Rissen gezeichnet und von innen teilweise hohl. Daran hat auch die Sanierung, die 1972 durchgeführt wurde, nichts ändern können. Aber in diesem Alter sieht kein Baum mehr aus wie ein Sprössling. Dafür verschlagen sein massiger Stamm und das imposante Wurzelwerk dem Betrachter den Atem. Eine solche Eiche sieht man wirklich nicht alle Tage.

Adresse in der Nähe von Schloss Haus im Ortsteil Neueglofsheim, 93107 Thalmassing | Pkw A 93, Ausfahrt Bad Abbach, dann in Richtung Bad Abbach auf der Staatsstraße 2143 bis nach Wolkering, dort nach rechts in die Kirchbergstraße bis nach Thalmassing, dort nach links auf die Hauptstraße und gleich wieder rechts auf die Hausingerstraße, die zum Schloss führt. Die Eiche steht östlich vom Schloss. | Tipp Das sehenswerte Schloss Haus, das 2008 umfangreich renoviert wurde.

90 Das Stonehenge 2.0

Moderne Megalithkultur für einen Film

Wie haben die Menschen der Jungsteinzeit eigentlich den Steinkreis von Stonehenge errichtet? Dieser Frage ging 1994 ein von Dr. Meinhard Prill für den Bayerischen Rundfunk gedrehter Dokumentarfilm nach. Statt die vielen verschiedenen Theorien auszuloten, hatten die Macher die Idee, den Bau eines Trilithen, also eines der Steintore, nachzuvollziehen und nachzustellen. Nach kurzer Suche für einen geeigneten Standort fiel die Wahl auf das Dörfchen Kulz, das zur Gemeinde Thanstein gehört. Für diesen sprach schlicht, dass sich im Umland gleich mehrere Steinbrüche befinden, in denen Granit gebrochen wird. Er ähnelt in mancher Hinsicht dem Blaustein, der in Stonehenge verwendet wurde.

Während diese Blausteine rund 240 Kilometer von Wales nach Stonehenge verbracht werden mussten, übernahmen in Kulz Lastwagen die Aufgabe, die aus dem Felsen gesprengten Steine zu befördern. Schließlich sollte nicht der Transport, sondern die Aufstellung im Mittelpunkt stehen. Wie viele Menschen in Stonehenge an einem der Tore arbeiteten, ist nach wie vor ein ungelöstes Rätsel. Auf der Wiese bei Kulz machten sich jedenfalls gut 200 Freiwillige, darunter auch Mitglieder der Feuerwehr und des THW, ans Werk. Mit Steinzeittechniken und Muskelkraft, aber ohne moderne Technik und Maschinen gelang es ihnen tatsächlich, die beiden Pfeilersteine aufzurichten und den Deckstein aufzusetzen. Bei einem Gewicht von rund 40 Tonnen pro Granitblock. Ganze zwei Tage und viel Schweiß benötigten die Erbauer für den imposanten Trilithen.

Der Film »Stonehenge und die Megalithkultur« wurde zu einem Highlight, zumal der Trilith nicht wieder abgebaut wurde, sondern auf der Wiese bei Kulz verblieb. Ob er die Zeit ebenso lang überdauert wie seine Vorfahren in Stonehenge, wird sich in den nächsten 4.000 oder 5.000 Jahren zeigen. Am Material und der Statik wird es jedenfalls nicht liegen.

Adresse Kulz, 92554 Thanstein | **Pkw** A 93, Ausfahrt Schwandorf-Nord, dann in Richtung Schwandorf, nach rechts auf die Kreisstraße 19, die auf die Staatsstraße 2151 trifft, hinter dem Eixendorfer See links nach Thanstein | **Tipp** Die Burgruine Thanstein beeindruckt mit ihrem mächtigen Bergfried.

91 Der Radlbahnhof

Hier halten keine Züge

Der Fünf-Flüsse-Radweg ist ein 294 Kilometer langer Rundkurs, an dem die Städte Nürnberg, Amberg, Regensburg und Neumarkt liegen. Wie der Name schon sagt, verbindet der Radweg die Flüsse Pegnitz, Vils, Naab, Altmühl und Donau. Vielen Radlern gilt er als schönster Radweg Deutschlands, zumindest aber Bayerns. Teile dieses Wegs nutzen auch alte Bahnlinien, die längst über keine Gleise mehr verfügen, sondern asphaltiert wurden. Der Weg ist in vier bis sechs Tagen gut zu schaffen, auch wenn Kinder mit von der Partie sind.

Radfahren macht bekanntlich durstig und hungrig. Außerdem kann man nicht immer in die Pedale treten. Das war auch der Gemeinde Kümmersbruck bewusst, zu der Theuern gehört. Auch hier war eine Bahnlinie vor Jahren stillgelegt und in einen Radweg umgewandelt worden. Nur der kleine Bahnhof von Theuern war als Relikt an der Strecke zurückgeblieben. Warum sollen an Bahnhöfen eigentlich immer nur Züge halten? Es könnten ja auch Radfahrer sein. Also wurde der alte Bahnhof 1995 an der Strecke von Haselmühl nach Schmidmühlen wieder in Betrieb genommen.

Es ist noch immer der kleine und in Rot und Braun gehaltene Bahnhof, in dem man jedoch keine Fahrkarten mehr kaufen kann. Dafür verfügt er über einen Biergarten, den kaum ein anderer Bahnhof aufzuweisen hat. Das äußere Erscheinungsbild inklusive des Bahnhofsschildes mit der Aufschrift »Theuern« wurde erhalten, sodass der Radreisende keinen Zweifel an der einstigen Funktion des Gebäudes hat. Der Rest, könnte man sagen, ist Gastronomie. Aber dem ist nicht so, denn etwas ist dem aktuellen Bahnhofsvorsteher noch aus der guten alten Zeit verblieben, nämlich das Erteilen von Auskünften. Die benötigen nämlich auch Radfahrer, wenn sie nicht nur schnell weiterwollen. Aber wer will das schon auf dem Fünf-Flüsse-Radweg. Also müssen Fragen nach möglichen Zielen beantwortet werden. Und die gibt es zur Genüge.

Adresse Stromerstraße 4, 92245 Kümmersbruck | Pkw A 6, Ausfahrt Kümmersbruck, dann in Richtung Kümmersbruck auf der Staatsstraße 2165, dann links in die Erzbergstraße, die Vilstalstraße überqueren und dann in die Castnerstraße und links in die Stromerstraße fahren | Öffnungszeiten bei gutem Wetter jeden Tag ab 14 Uhr, So und Feiertage ab 10.30 Uhr | Tipp In Ebermannsdorf steht die Burgruine Eberburg mit einem achteckigen Wohnturm. Auch das Schloss Ebermannsdorf lohnt einen Besuch.

92 Die Straßenwalze

Der langsame Pionier moderner Mobilität

Das Auto mit Verbrennungsmotor setzte sich langsamer durch, als allgemein vermutet wird. Es dauerte bis zum Ersten Weltkrieg, bis sich der endgültige Erfolg als Massenprodukt abzeichnete. Und für das Massenprodukt musste natürlich auch die entsprechende Infrastruktur geschaffen werden. Das Pflastern von Straßen dauerte sehr lange, das Asphaltieren aber ging schnell. Um den frischen Belag zu verdichten, setzte man bis 1911 ausschließlich Dampfwalzen ein, also Straßenwalzen, die von einer Dampfmaschine angetrieben wurden. Eine Technik, die nicht immer leicht zu beherrschen war und auch sonst Nachteile besaß.

Abhilfe schaffte die 1878 in Tirschenreuth gegründete »Maschinenfabrik Gebrüder Hamm«. Sie setzte nicht auf die Dampfmaschine, sondern den noch relativ jungen Dieselmotor, der sehr zuverlässig arbeitete und keinen Kessel mehr besaß, der ständig unter Druck gehalten werden musste. Der Erfolg dieser Walzen war so groß, dass die Firma ab 1928 nur noch Walzen baute. Mit ihrer Hilfe wurden die Straßen gebaut, die das damals noch neue Fahrzeug verlangte. So langsam die Walzen auch waren, sie ebneten dem Auto wortwörtlich den Weg.

Ein Pionier der Anfangszeit, eine Walze aus dem Jahr 1914, steht in Theuern auf dem Gelände des Hammerwerks. Ein wahres Ungetüm, dessen Dieselmotor noch sehr viel Raum einnimmt. Bei späteren Modellen schrumpfte er deutlich. Walzen wie diese sind wichtige Faktoren der frühen Automobilität, die von der Geschichte schnell übersehen oder sogar vergessen werden. Auf dem Gelände des Hammerwerks, einer von mehreren Standorten des »Bergbau- und Industriemuseums Ostbayern«, kann man eines der ältesten Exemplare in Bestzustand bewundern.

Die Firma Hamm ist bis heute ein weltweit führender Hersteller von Walzen. Das Modell von 1914 ist ein Beleg dafür, dass die damalige Entscheidung, sich zu spezialisieren, richtig war.

Adresse Portnerstraße 1, 92245 Kümmersbruck, www.museumtheuern.de | **Pkw** A 6, Ausfahrt Kümmersbruck, in Richtung Kümmersbruck auf der Staatsstraße 2165, dann links in die Erzbergstraße | **Öffnungszeiten** Di–Sa 9–17 Uhr, So, Feiertage 10–17 Uhr | **Tipp** Das Hammerwerk selbst ist einen Besuch wert. Es stammt aus Auerbach und wurde nach Theuern verbracht.

93 Der lustigste Ortsname Bayerns

Die Wähler haben entschieden

Thomasgschieß ist nicht sehr groß. Bei der letzten intensiven Zählung konnten aber immerhin 37 Bürger ermittelt werden, die die wenigen Häuser bewohnen. Der Weiler gehört zur Gemeinde Eslarn, die wiederum im Landkreis Neustadt an der Waldnaab liegt. Ein kleiner, ein unbekannter Ort, in dem die Landwirtschaft die Lebensgrundlage der Menschen bildet. Und doch sorgte Thomasgschieß für Aufmerksamkeit, denn 2010 suchte der Bayerische Rundfunk in einer seiner Aktionen nach dem lustigsten Ortsnamen Bayerns. Die Zahl der Bewerber war groß. 100 Kandidaten kamen schließlich in die engere Wahl, darunter Busendorf, Kotzendorf, Pups, Schnarchenreuth, Lederhose, Ehrenzipfel, Kuhbier, Sexau, Linsengericht, Witzwort, Luschendorf, Tittenkofen, Wixhausen, Petting, Tuntenhausen, Drogen und Oberhässlich. Mehr Konkurrenz ging eigentlich nicht.

Die Spannung war groß, denn niemand konnte auch nur annähernd ahnen, wie sich die Zuschauer, Hörer und Wähler entscheiden würden. Dann kam der Tag der Vorentscheidung. In Thomasgschieß knallten die Kronenkorken, denn der Weiler kam tatsächlich unter die ersten drei. Das große Finale wurde sogar in einer Sondersendung im Fernsehen übertragen: Katzenhirn erreichte 17,9 Prozent, Pumpernudl 39 Prozent und Thomasgschieß satte 43,1 Prozent. Thomasgschieß triumphierte über alle anderen Ortsnamen, die bei Menschen zu Schmunzeln, Kopfschütteln oder sogar einer leichten Gesichtsröte führen.

Doch woher hat der Weiler eigentlich seinen Namen? Angeblich von einem herrschaftlichen Verwalter namens Thomas, der den Weiler regelmäßig von Eslarn aus aufgesucht hat. Dazu musste er sich in eine Talmulde begeben, also auf einem abschüssigen Weg gehen. Und »abschüssig« wird in der bewussten Gegend mit »gschieß« übersetzt. Alle anderen Assoziationen sind demnach schlicht falsch.

Adresse Thomasgschieß, 92693 Eslarn | **Pkw** A 6, Ausfahrt Waidhaus, dann in Richtung Waidhaus/Eslarn auf die Staatsstraße 2154, vor Eslarn nach links in die Riedelhofer Straße abbiegen und nach Thomasgschieß fahren | **Tipp** Der Wildpark Eslarn an der Staatsstraße 2154 ist immer frei zugänglich.

94_Die Klöppelschule

Hier ist alles Spitze

Das Klöppeln gelangte im 16. Jahrhundert von Italien nach Deutschland und stieß auch gleich auf ein großes Interesse. Im Erzgebirge und in Franken entstanden die ersten Klöppelarbeiten, andere Regionen folgten. Handgeklöppelte Spitze wurde zu einem begehrten Produkt, denn mit der Spitze ließen sich Trachten und andere Textilien auf bislang unbekannte Art verzieren. Auch das Rochett eines Bischofs oder Kardinals wurde nun aus Spitze gefertigt. Und obwohl Mitte des 19. Jahrhunderts Klöppelmaschinen zum Einsatz kamen, bestand das Klöppelhandwerk weiter, da die Maschinen nur einfache, standardisierte Muster verarbeiten konnten. Wo aber konnte man das nicht ganz einfache Klöppeln erlernen?

In einer Klöppelschule natürlich, wie sie 1907 in Tiefenbach gegründet wurde. Damals selbstverständlich als »Königliche Klöppelschule«. Die Ausbildung sollte es Frauen, Mädchen und auch Jungen ermöglichen, in Heimarbeit und nebenberuflich zum Lebensunterhalt ihrer Familien beizutragen.

Das Projekt hatte Erfolg. Die Spitzen aus Tiefenbach waren bald auf den Märkten gefragt und schafften es sogar zu den damals so wichtigen Weltausstellungen. Klöppeln war ein großer Trend. Vor allem komplizierte und filigrane Muster, festgelegt in Klöppelbriefen, waren begehrt. Fünfzig und mehr Klöppel für ein Muster waren keine Seltenheit.

Das Schulgebäude existiert noch immer, auch wenn es jetzt als Rathaus dient. Der Saal der Klöppelschule aber wurde nicht der Lokalpolitik überlassen, sondern blieb dem Klöppeln vorbehalten. Schon beim Bau hatte man auf große Fenster geachtet, denn zum Klöppeln braucht man viel Licht. Im Saal kann man die Geschichte der Klöppelschule verfolgen und vor allem die Geräte von den Klöppeln bis zum Klöppelbock unter die Lupe nehmen. Die benötigt man auch für die eine oder andere feine Spitze. Klöppelbriefe sind natürlich auch vorhanden. Einfach Spitze.

Adresse Hauptstraße 33, 93464 Tiefenbach | **Pkw** A 6, Ausfahrt Leuchtenberg, dann in Richtung Leuchtenberg auf der B 22 bis nach Winklarn, dort nach links auf die Staatsstraße 2160 abbiegen, die bis nach Tiefenbach führt, die Irlacher Straße überqueren und rechts in die Hauptstraße fahren | **Öffnungszeiten** Mo–Do 8–12 Uhr und 13–17 Uhr, Fr 8–12 Uhr | **Tipp** Das »Ludwig Gebhard Museum« mit Plastiken, Schnitten und Radierungen des Künstlers.

95__Die Fischhofbrücke

200 Jahre auf dem Trockenen

Brücken stehen bekanntlich im Wasser oder führen darüber hinweg. Wenn nicht, überqueren sie zumindest einen Abgrund oder eine Schlucht. Wer jedoch die Fischhofbrücke vor der Landesgartenschau 2013 gesehen hat, wurde eines Besseren belehrt. Diese 92 Meter lange Brücke, die 1750 vollendet wurde, hat nichts überquert. Sie stand in der Landschaft wie eine jener gelegentlich fehlgeplanten und vergessenen Autobahnbrücken.

Erbaut wurde die Steinbogenbrücke von Philipp Muttone (1699–1775), einem Baumeister aus Waldsassen mit italienischen Vorfahren. Auch ein Laie erkennt sofort, dass diese Brücke der berühmten Steinernen Brücke von Regensburg nachempfunden worden ist. Sie führte über den Oberen Stadtteich zum Fischhof, einem Wirtschaftsbetrieb des Klosters Waldsassen, der als Insel in dem Teich lag. Zugleich diente der Fischhof den Äbten als Sommerwohnsitz. Nach der Säkularisation Bayerns gelangte der Fischhof 1803 in den Besitz des Staates, der den Oberen Stadtteich 1807 trockenlegte. In den Wirtschaftsgebäuden wurde das königliche Landgericht untergebracht.

Über 200 Jahre stand nun die Fischhofbrücke auf dem Trockenen. Das änderte sich erst, als sich die Stadt Tirschenreuth um die Ausrichtung der Landesgartenschau 2013 bewarb und tatsächlich den Zuschlag erhielt. Das eingereichte Konzept sah vor, den Oberen Stadtteich wiederherzustellen und angrenzende Industriebrachen zu beseitigen. 2009 wurden zunächst für mehr als 900.000 Euro die im Laufe der Zeit entstandenen Schäden an der Brücke beseitigt. Anschließend wurde das Gartenschaugelände gestaltet und der Teich vorbereitet, der schließlich 2011 geflutet werden konnte. Die Fischhofbrücke hat seitdem wieder die ihr 1750 zugedachte Funktion, während der Fischhof wieder als Insel aus dem Oberen Stadtteich ragt. Wer zum Amtsgericht Tirschenreuth möchte, muss seit 2011 wieder über die Brücke.

Adresse Am Fischhof, 95643 Tirschenreuth | **Pkw** A 93, Ausfahrt Windischeschenbach, dann in Richtung Tirschenreuth auf der B 15 nach Tirschenreuth, dort nach links in die Äußere Regensburger Straße, die zum Fischhof führt | **Tipp** In unmittelbarer Nähe befindet sich die moderne Max-Geissner-Brücke.

96 Die Teufelsküche

Keine sprichwörtliche Situation, sondern ein realer Ort

Wer die Teufels Küche lediglich für eine Redensart hält, der irrt. Es gibt sie wirklich. Und noch dazu verdankt sie ihre Entstehung wahrhaft höllischen Temperaturen und ebensolchen Tiefen. Denn vor rund 320 Millionen Jahren erreichte die Kollision der beiden Urkontinente Laurasia und Gondwana ihren dramatischen Höhepunkt. Die beiden Erdteile hatten sich derart übereinandergeschoben, dass sich ein Massiv von rund 10.000 Metern Höhe aufgetürmt hatte. Unter diesem Gebirge herrschte ein unvorstellbarer Druck, der das Gestein zum Kochen brachte. Als die zähflüssige, glühende Masse wieder erstarrte, hatte sich Granit gebildet.

300 Millionen Jahre benötigte das Gestein, um an die Erdoberfläche zu gelangen. Eine Vielzahl von geologischen Hebungen und Erosionen war notwendig, bevor jene Granitformationen entstanden, die heute als Teufelsküche bekannt sind.

Wenn man zwischen den gigantischen Blöcken und Hängen wandert und sich den Entstehungsvorgang bewusst macht, hat man keinen Zweifel mehr an der Namensgebung. Zudem gibt es gleich zwei Teufelsküchen. Die Kleine liegt südöstlich des Rothenbürger Weihers, die Große einen Kilometer weiter südlich. Dort erreichen die Granitblöcke Höhen von bis zu 15 Metern und haben wahrhaft bizarre Formen.

Das Aussehen übereinandergestapelter Wollsäcke verdanken sie nicht zuletzt den deutlich sichtbaren Trennfugen, die während des nachlassenden Drucks entstanden sind. Geologen sprechen daher von Wollsackverwitterung. Für das Freilegen vieler Blöcke ist der kleine Bach verantwortlich, der die Teufelsküche mit Wasser und bisweilen irritierenden Geräuschen versorgt. Die können allerdings auch aus dem Boden stammen, denn das Gebiet ist vulkanisch aktiv. Der letzte große Vulkanausbruch fand nicht weit entfernt vor 10.000 Jahren statt. Keine Frage, in der Teufelsküche kann man tatsächlich in Teufels Küche geraten.

Adresse Pilmersreuth, 95643 Tirschenreuth | Pkw A 93, Ausfahrt Windischeschenbach, dann in Richtung Tirschenreuth auf der B 15, vor Tirschenreuth nach rechts auf die Staatsstraße 2167 bis nach Pilmersreuth, dort parken und der Beschilderung folgen | Tipp Das Oberpfälzer Fischereimuseum informiert über Karpfenzucht und Teichbau in der Region.

97__Die Volkssternwarte

Der Himmel über der Oberpfalz

Mitte der 1960er Jahre ist der »Wettlauf um die Eroberung des Alls« in vollem Gang. Die USA und die Sowjetunion überbieten sich gegenseitig mit neuen Rekorden, wobei lange Zeit die Russen die Nase vorn haben. Nicht nur technisch, auch emanzipatorisch sind sie den Amerikanern überlegen. So startet am 16. Juni 1963 Walentina Tereschkowa als erste Frau ins All. Auch die Astronomen dringen immer tiefer ins Universum vor und zeigen immer neue Bilder unbekannter Welten.

Doch was ist mit dem Interesse der »gewöhnlichen Sterblichen«, wie es in einem Zeitungsartikel heißt? Wer verschafft dem einfachen Mann auf der Straße Zugang zum All? Gerhard Franz hat die Antwort. Zusammen mit einer Gruppe Astronomiebegeisterter gelingt es ihm 1964, eine Volkssternwarte zu gründen und zu bauen. Mit Hilfe von Spendengeldern, lokalen Firmen und dem Enthusiasmus vieler Mitstreiter gelingt es ihm, seinen Traum zu verwirklichen. Im Oberpfälzer Wald bei Tirschenreuth wird die Sternwarte samt obligatorischer Kuppel gebaut, unter der sich ein 600 mm Keller-Cassegrain-Teleskop mit sechs Metern Brennweite als Hauptteleskop befindet. Dieses Spiegelteleskop erlaubt es, bis zu fernen Galaxien vorzudringen. Für den Mond und das Sonnensystem steht ein 130 mm TMB Apochromat Linsenteleskop mit 760 mm Brennweite zur Verfügung.

Im Sommer ist die Sternwarte, die inzwischen den Namen ihres Gründers Gerhard Franz trägt, jeden Freitag ab 22 Uhr geöffnet, im Winter ab 20 Uhr. Der Besuch lohnt sich, denn das Hauptteleskop ist eines der größten öffentlich zugänglichen Teleskope Bayerns. Hier kann eben auch der Laie mit seinem Blick die Erde verlassen. Vorträge, Vorführungen und ein Planetenweg im Maßstab 1:1.000.000.000 ergänzen das Angebot. Außerdem beantworten die Hobbyastronomen universelle Fragen aller Art und stehen mit Rat und Tat zur Seite, falls das eigene kleine Teleskop Probleme bereitet.

Adresse An der Sternwarte, 95643 Tirschenreuth | Pkw A 93, Ausfahrt Windischeschenbach, dann in Richtung Tirschenreuth auf der B 15 nach Tirschenreuth, dort nach rechts in die Mühlbühlstraße, nach links in die St.-Peter-Straße, dann rechts in die Großenseeser Straße und wieder nach rechts auf »An der Sternwarte« abbiegen | Öffnungszeiten Fr ab 22 Uhr, im Winter ab 20 Uhr | Tipp Die alte Stadtbefestigung von Tirschenreuth, zu der auch ein alter Wehrturm gehört.

98 Das Wurzelmuseum

Radikale Entscheidungen der Natur

Jeder Wanderer kennt das Erlebnis. Irgendwo im Wald oder auf einer Lichtung ragt eine Baumwurzel aus dem Boden und starrt den Betrachter mit furchterregenden Augen an. Die Krallen sind ausgefahren, als wollte die Wurzel gleich zum Sprung ansetzen. Doch der Schreck währt nur Sekundenbruchteile, dann sieht man, dass die Augen von abgebrochenen Verzweigungen herrühren und die Krallen kleine Wurzeln sind. Unser Gehirn neigt einfach dazu, Wahrnehmungen aller Art zu ergänzen und zu interpretieren. Es sucht bekannte Muster und ordnet die Wurzel einem solchen Muster zu.

Wurzeln dieser Art sind allerdings rar, die Begegnungen daher selten. Wer jedoch Sehnsucht nach Assoziationen dieser Art hat, für den bietet das kleine Museum der Familie Donhauser in Tremmersdorf eine radikale Lösung an (das Wort »radikal« ist vom lateinischen »radix« für Wurzel abgeleitet). In vier Räumen kann man gleich anhand von 850 außergewöhnlichen Wurzeln seine Phantasie auf die Probe stellen. Lässt man sich auf das Spiel ein, entdeckt man Seehunde ebenso wie Enten, Bären, Adler und Monster, aber auch Märchenfiguren. Als hätten die Wurzeln den Versuch unternommen, der Welt einen Spiegel vorzuhalten, wenn auch einen Zerrspiegel.

Die Sammlung ist natürlich Ausdruck einer – radikalen – Sammelleidenschaft, denn sonst wäre es bei Familie Donhauser bei ein paar Wurzeln geblieben. Die Vielzahl aber lässt erahnen, wie viel Zeit und Energie sie investiert hat. Natürlich kann man sich das Wurzelwerk auch allein ansehen, aber eine Führung lohnt hier wirklich, da man als Zugabe phantastische Geschichten erfährt. Sobald man das Haus der Donhausers wieder verlassen hat, zieht es einen in den Wald oder ans nächste Flussufer, um sich selbst auf die Suche zu begeben. Dabei darf man nicht vergessen, dass die Wurzeln der Donhausers nicht bearbeitet wurden, sondern unveränderte Funde sind.

Adresse Hauptstraße 9, 92676 Tremmersdorf | Pkw A 9, Ausfahrt Pegnitz, dann in Richtung Pegnitz auf der B 85, bei Auerbach auf die B 470 wechseln, in Eschenbach nach links auf die Staatsstraße 2169 fahren, die nach Tremmersdorf führt | Öffnungszeiten Termine unter 09645/1288 | Tipp In unmittelbarer Nähe befindet sich das Kloster Speinshart, das ab dem 12. Jahrhundert errichtet wurde und in seiner Art einmalig ist.

99_Die Trojaburg

Labyrinthisch ins Unbekannte

Immer wieder halten Radfahrer an und fragen, was es denn mit den sonderbaren Steinen auf sich hat. Manche vermuten gar ein hohes Alter und bezweifeln zunächst, dass man die Steinsetzung einfach so betreten kann. Erklärt man, dass es sich dabei um eine Trojaburg handelt, erntet man Kopfschütteln oder muss weitere Fragen beantworten, verweisen doch die Radfahrer auf die Tatsache, dass Troja in Kleinasien liegt und niemals eine Niederlassung in Uckersdorf gehabt hat. Womit sie natürlich richtigliegen – ebenso wie die Steine, die eine Art Labyrinth bilden. Fachleute sprechen von einem Pseudolabyrinth, da man sich in einer Trojaburg schwerlich verlaufen kann.

Ihren Namen haben die Trojaburgen tatsächlich Troja zu verdanken, denn auf antiken Darstellungen und Münzen sind Labyrinthe mit dem Hinweis auf Troja zu finden. Auch wenn Trojas Straßen labyrinthisch aufgebaut sein mögen, das eigentliche Labyrinth hat sich auf Kreta in Knossos befunden. Hier spielt die Sage vom Minotaurus, der von Theseus getötet wird. Wie genau also der Name für die aus Steinen gelegten Labyrinthe nach Nordeuropa gelangt ist, ist nicht bekannt. Die meisten sind jedenfalls in Skandinavien zu finden. Ein Rätsel ist auch deren Alter und der genaue Zweck. Wenn man so will, liegt auch darin etwas Labyrinthisches, Geheimnisvolles. Einiges spricht dafür, dass die Trojaburgen für religiöse Rituale oder kultische Tänze angelegt wurden. Viele Trojaburgen sind übrigens jüngeren Datums.

So auch die von Uckersdorf, die 2006 aus Bruch- und Feldsteinen angelegt wurde. Der Durchmesser beträgt 18 Meter, die Länge der Wegstrecke 250 Meter. Den Eingang bildet ein Tor aus Granitsäulen. Der Initiator der Trojaburg ist Gerhard Würl aus Schwarzhofen, ein ehemaliger Major der Bundeswehr. Er wünscht sich, dass jeder Besucher sich mit einem Stein am Weiterbau der Anlage beteiligt.

Adresse zwischen Schwarzhofen und Altendorf, 92447 Uckersdorf | **Pkw** A 6, Ausfahrt Nabburg-West, dann in Richtung Nabburg auf der Staatsstraße 2040 bis nach Schwarzhofen | **Tipp** Die Burgruine Zangenstein liegt nicht weit entfernt. Sehenswert ist vor allem die erhaltene Schlosskapelle.

100 Die Adventhalle

Der Neuzugang der König-Otto-Tropfsteinhöhle

Ende September 1895 fiel dem Schäfer Peter Federl, einem durchaus abenteuerlustigen und mutigen Mann, ein Fuchs auf, der in einem Loch im Bockenberg verschwand. Der Schäfer wollte der Sache auf den Grund gehen und folgte dem Fuchs durch eine Felsspalte. Dort fand er nicht etwa einen kleinen Fuchsbau vor, sondern eine Höhle. Um tiefer in sie einzudringen, kehrte er wenig später mit zwei Freunden und Kerzen zurück. Raum für Raum drangen sie in die Höhle ein und staunten über die Schönheit der Tropfsteine. Da es der 30. September war, der allseits bekannte Namenstag des Bayernkönigs Otto von Wittelsbach (1848–1916), tauften sie die Höhle einfach König-Otto-Höhle.

Unmittelbar nach der Entdeckung erkannte der »Verkehrs- und Verschönerungsverein Velburg« das Potenzial der Höhle und begann mit dem Ausbau. Der Eingang wurde erweitert, und Wege wurden angelegt. Ab 1896 war die Höhle für Besucher zugänglich. Allerdings konnte man die Tropfsteine nur bei Kerzen- und Fackellicht bewundern, deren Ruß mit der Zeit die Farbe der Tropfsteine veränderte. Erst 1954 wurde die Höhle elektrifiziert und die Tropfsteine professionell ausgeleuchtet.

1969 ging das Abenteuer weiter. Zwei Teenager, Helmut Schlierf und Michael Kirnberger, suchten mit Erlaubnis des Höhlenführers nach noch unbekannten Räumen und wurden tatsächlich fündig. Am 2. Dezember 1972 stießen sie hinter einem Felsblock auf einen großen Raum, den sie Adventshalle tauften. Er ist heute Teil der König-Otto-Höhle, in der außergewöhnliche Stalaktiten und Stalagmiten zu sehen sind. Im Gegensatz zur alten Höhle sind die Tropfsteine der Adventshalle weiß oder farbig, da hier nie Fackeln benutzt wurden. Die späte Entdeckung sorgt dafür, dass die Adventshalle als eine der schönsten Tropfsteinformationen Deutschlands angesehen wird. Der Anblick lässt auch die kleinen Bausünden vergessen, die beim Ausbau gemacht wurden.

Adresse St. Colomann, 92355 Velburg, www.tropfsteinhoehle-velburg.de | Pkw A 3, Ausfahrt Velburg, dann in Richtung Velburg auf der Staatsstraße 2220, am Kreisverkehr geradeaus und der Beschilderung folgen | Öffnungszeiten 1. April – 31. Okt. Di – So 10 – 17 Uhr | Tipp Der neue Walderlebnispfad. Der Start liegt in der Nähe des Höhleneingangs.

101 Die Burgruine

Kreuzritter aus der Oberpfalz

Soweit bekannt, wurde die Burg irgendwann vor 1129 von dem Geschlecht der Velburger erbaut, die später als Grafen in Erscheinung treten. Die Burg selbst steht auf einem 621 Meter hohen Burgberg, der die Umgebung beherrscht. Am Fuße der Burg ist nach und nach die Stadt Velburg entstanden. Die etwa dreieckige Burganlage hatte eine Ausdehnung von 48 mal 60 Metern.

Bekanntester Burgherr war Ulrich Graf von Velburg und Clam (1188–1218), der 1217 dem Aufruf von Papst Innozenz III. folgte und am fünften Kreuzzug teilnahm. Aus gutem Grund, denn der Aufruf richtete sich vor allem an den niederen Adel, der sich wiederum Ruhm und die Gnade Gottes erhoffte. Mit von der Partie war übrigens auch Franz von Assisi. Ziel der Kreuzfahrer war die ägyptische Hafenstadt Damiette, die von großer strategischer Bedeutung war. Die Stadt konnte zwar nach langer Belagerung erstürmt werden, doch Ulrich Graf von Velburg verlor dabei sein Leben. Da er kinderlos geblieben war, fiel sein Erbe letztendlich an den zweiten Mann seiner Frau, Otto II. von Schleunz, der die Burg aber selbst nicht bewohnte. Als Besitzer mehrerer Burgen hatte er andere Möglichkeiten.

Nach dem Aussterben der Grafen von Velburg kam es zu mehreren Besitzerwechseln. Im 16. Jahrhundert stand die stattliche Burg sogar leer. Während des Dreißigjährigen Krieges wurde die Burg von schwedischen Truppen zwar nur leicht beschädigt, aber nicht wieder aufgebaut, sondern als Steinbruch benutzt. Das Abtragen der Dächer beschleunigte zudem den Verfall. Erst ab 1980 erfolgte eine Sicherung der Ruine und eine teilweise Rekonstruktion des Burgfrieds bis zu einer Höhe von zwölf Metern. Weitere Baumaßnahmen folgten von 2003 bis 2009 und führten zu dem heutigen, sehenswerten Zustand einer Burg, von der aus einst ein Kreuzritter aufgebrochen war, um Jerusalem zu erobern und das Christentum mit dem Schwert zu verbreiten.

Adresse Burgstraße, 92355 Velburg | **Pkw** A 3, Ausfahrt Velburg, dann in Richtung Velburg auf der Staatsstraße 2220, am Ortseingang nach links auf die Straße »Zum Stadtturm« und gleich wieder links in die Parsberger Straße, die zur Burgstraße wird | **Tipp** Das Rathaus von Velburg sowie die Wallfahrtskirche St. Wolfgang sind einen Besuch wert.

102 Das Hohlloch

Die etwas andere Höhle

Fährt man von Velburg aus auf der Wolfganger Straße nach Osten, kommt zunächst auf der rechten Seite die Wallfahrtskirche St. Wolfgang in Sicht. Auf der linken Seite öffnet sich plötzlich das Maul einer Höhle. Denn genau so sieht der Eingang des Velburger Hohllochs, auch als Wolfgangshöhle bekannt, aus. Dieses Maul ist etwa elf Meter hoch, 16 Meter breit und liegt erhöht über dem Umland. Nicht nur bei schönem Wetter hat man von hier aus eine überwältigende Sicht, die zudem vom Eingang der Höhle eingerahmt wird. Steht man ein paar Schritte in der Höhle, erscheint die Landschaft wie ein Bild auf einem Monitor. Somit ist das Hohlloch eine der wenigen Höhlen, deren Außenwelt beeindruckender ist als der Innenraum.

Doch auch der hat viel zu bieten, denn die sonderbare und nicht sehr tiefe Höhle war schon in der Jungsteinzeit bewohnt. Bei Ausgrabungen wurden Ende des 19. Jahrhunderts Gräber und Knochen von Höhlenbären, Riesenhirschen und anderen Tieren gefunden. In der Neuzeit wurde die Höhle immer wieder als Lager, vor allem für Bierfässer, genutzt.

Eine Legende behauptet, der Bischof und Missionar Wolfgang von Regensburg (924–994) sei im Hohlloch gestorben. Die Wallfahrtskirche steht nicht ohne Grund in unmittelbarer Nähe. Doch ist historisch verbürgt, dass der heilige Wolfgang in Pupping in Oberösterreich gestorben ist. Eben darum handelt es sich ja auch um eine Legende. Die beinhaltet auch, dass der Missionar einmal vom Teufel verfolgt worden ist und nur entkommen konnte, weil er durch ein enges Loch geschlüpft ist, für das der Teufel zu dick war. Ebensolche engen Löcher gibt es im hinteren Teil der Höhle. Wer weiß, ob die Legende nicht doch einen wahren Kern hat?

Im Umfeld gibt es weitere kleine Höhlen, die aber in keiner Weise mit dem Hohlloch konkurrieren können. Wer den einmaligen Blick aus der Höhle genossen hat, weiß genau, warum.

Adresse Wolfganger Straße, 92355 Velburg | **Pkw** A 3, Ausfahrt Velburg, dann in Richtung Velburg auf der Staatsstraße 2220, am Ortseingang nach links auf die Straße »Zum Stadtturm« und dann nach rechts in den Hinteren Markt und halb links in die Wolfganger Straße | **Tipp** Der Klettergarten in Sankt Colomann hält Parcours für große und kleine Kletterer bereit.

103 Der Stadtturm

Ein Kirchturm, der eigentlich keiner ist

Jeder Ortsunkundige, der sich der Stadtpfarrkirche St. Stephan nähert, hält den dazugehörigen Turm ganz selbstverständlich für den Kirchturm. Der Gebäudekomplex, eine dreischiffige Basilika mit Querhaus, wieder errichtet nach zwei Stadtbränden von 1658 und 1708, lässt keinen anderen Schluss zu. Doch in diesem Fall trügt der Schein. Der 1492 erstmals erwähnte und zwischen 1553 und 1558 erhöhte Turm ist ein Stadtturm und somit auch in Besitz der Stadt. Er wurde als Beobachtungs- und Feuerwachturm erbaut. Dem Türmer kam dementsprechend eine wichtige Aufgabe zu. Sobald sich auch nur ein Reiter oder eine Postkutsche näherte, blies er in ein Signalhorn und informierte die Bürger. Im Falle eines Brandes hisste er eine rote Flagge oder entzündete eine rote Lampe. Bis 1923 versah der Türmer Josef Bieringer seine Arbeit, dann erst machte ihn die Technik überflüssig.

Der Turm aber blieb mit seinen elf Etagen in dem damaligen Zustand weitgehend erhalten. Noch immer kann man ihn nur besichtigen, wenn man die komplett aus Holz gebaute Treppe mit ihren 176 Stufen hinaufsteigt. Jede Etage hatte eine andere Funktion und war entsprechend eingerichtet. Die achte Etage war die Türmerstube, die den Eindruck erweckt, der Türmer sei nur kurz mal im Turm unterwegs. Das Bett steht in der Ecke, der Tisch ist gedeckt. Ohne Mühe kann man sich sein einsames Leben vorstellen, hoch über der Stadt, die er nie aus den Augen verlieren durfte.

Die dritte Etage ist dem Uhrwerk der Turmuhr vorbehalten, die einmal pro Woche aufgezogen werden musste, heute aber elektrisch angetrieben wird. Von der vierten Etage aus gelangt man auf das Dachgeschoss der benachbarten Kirche, während die fünfte Etage den Glocken vorbehalten war. Die sechste Etage nutzte die Feuerwehr zum Trocknen der Schläuche. Der Stadtturm ist somit auch ein Spiegel der Geschichte der Türmer und der Stadt Waldmünchen.

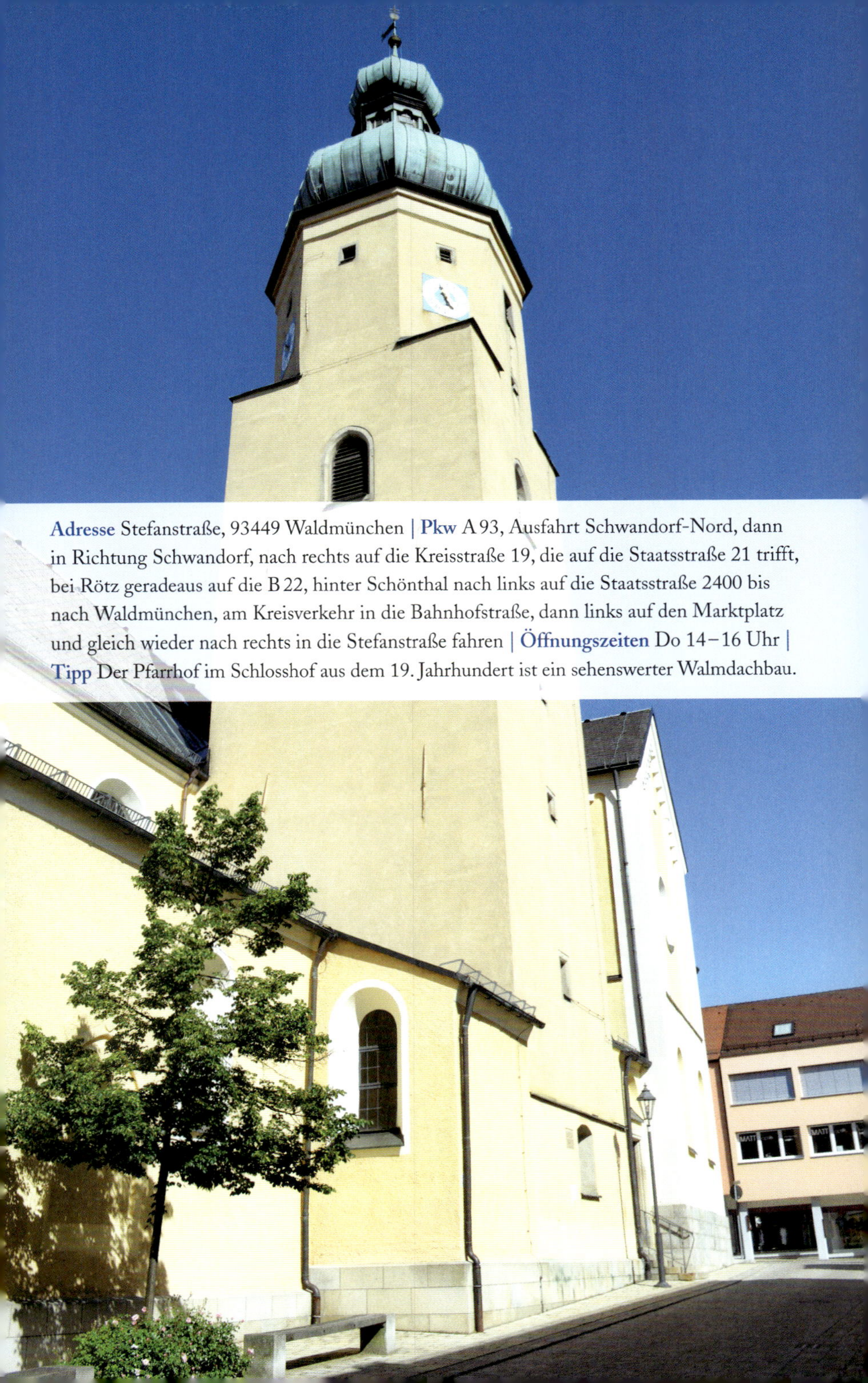

Adresse Stefanstraße, 93449 Waldmünchen | **Pkw** A 93, Ausfahrt Schwandorf-Nord, dann in Richtung Schwandorf, nach rechts auf die Kreisstraße 19, die auf die Staatsstraße 21 trifft, bei Rötz geradeaus auf die B 22, hinter Schönthal nach links auf die Staatsstraße 2400 bis nach Waldmünchen, am Kreisverkehr in die Bahnhofstraße, dann links auf den Marktplatz und gleich wieder nach rechts in die Stefanstraße fahren | **Öffnungszeiten** Do 14–16 Uhr | **Tipp** Der Pfarrhof im Schlosshof aus dem 19. Jahrhundert ist ein sehenswerter Walmdachbau.

104 Die Wallfahrtskirche der Heiligen Dreifaltigkeit

Dientzenhofers Meisterstück

Die Zahl drei steht für die göttliche Dreifaltigkeit, für die Einheit von Gott, Sohn und Heiligem Geist. Als der bayerische Baumeister Georg Dientzenhofer (1643–1689) vom Jesuitenorden den Auftrag erhält, am Glasberg bei Waldsassen eine Wallfahrtskirche zu bauen, die die Dreifaltigkeit zum Ausdruck bringen soll, orientiert er sich voll und ganz an der Zahl Drei. Der Berg war schon länger ein Wallfahrtsort und sollte daher eine Kirche erhalten, und zwar eine ganz besondere. Dientzenhofer hatte freie Hand und brauchte keine strengen Auflagen zu erfüllen oder genauen Vorgaben zu folgen wie sonst üblich.

Grundsteinlegung war 1685, und Dientzenhofer hatte genau darauf geachtet, dass alle wesentlichen Elemente der Kirche dreimal vorhanden waren. Das bedeutete auch: drei Türme, drei Konchen (halbrunde Nischen), drei Säulen, drei mal drei Altäre. Die Grundfläche hat die Form eines gleichschenkligen Dreiecks mit einer Seitenlänge von 12,30 Metern. Alles, was sich entsprechend darstellen ließ, ist dreimal vorhanden. Allein dieses architektonische Konzept macht die Wallfahrtskirche zur wohl außergewöhnlichsten Kirche Deutschlands. Schon bei der Ankunft wird jedem Laien bewusst, dass diese Kirche darauf besteht, anders zu sein. Selbst mit der nicht weit entfernten Stiftsbasilika, die ebenfalls unter der Mitwirkung von Dientzenhofer entstanden ist, hat die Wallfahrtskirche nichts gemein.

Der Baumeister durfte die Fertigstellung seiner Kirche nicht mehr erleben, da mit den eigentlichen Bauarbeiten erst 1689 begonnen wurde. Seine drei Brüder, also wieder die Zahl Drei, Wolfgang, Christoph und Leonhard übernahmen die Aufsicht über den Bau. Leider sind die originalen Deckenfresken nicht mehr vorhanden, die 1880 einem Brand zum Opfer fielen. Sie wurden von dem Maler Oskar Martin-Amorbach (1897–1987) zwischen 1934 und 1940 mit geringem Erfolg neu gestaltet.

Adresse Kappl 2, 95652 Waldsassen, www.kapplkirche.de | Pkw A 93, Ausfahrt Mitterteich-Süd, dann in Richtung Waldsassen auf der B 299, in Waldsassen nach links in die Schützenstraße, die direkt zur Wallfahrtskirche führt | Öffnungszeiten täglich 8–18 Uhr | Tipp Das Stiftslandmuseum in Waldsassen.

105 Das neue, alte Stadttor

Nicht ganz wie im Mittelalter

Wer die Altstadt von Weiden durch das Obere Tor betritt, wähnt sich auf historischem Terrain. Das Stadttor, so könnte man durchaus meinen, muss Jahrhunderte alt sein. So wie die vielen Stadttore anderer Städte in der Oberpfalz. Fragt man Passanten, erhält man unterschiedliche Antworten, selbst von Ortskundigen. Die Mehrheit verweist auf das Mittelalter, aber auch die Renaissance hat Fürsprecher. Nur wenige Befragte antworten mit einem wissenden Lächeln und geben das 20. Jahrhundert an. Denn das so romantisch anmutende Gebäude, das auch ein tolles Fotomotiv abgibt, wurde 1911 errichtet.

Das zuvor abgerissene Torhaus hatte ein schmaleres Tor, das dem Durchgangs- und Lieferverkehr zunehmend den Weg versperrte. Bis 1840 war sogar noch ein Vorbau mit zwei Rundtürmen und einem weiteren Tor vorhanden, der das eigentliche Stadttor zusätzlich sicherte. Denn neben dem Oberen Tor stand und steht auch noch immer das »Veste Haus«, der Amtssitz des Pfalzgrafen von Parkstein-Weiden und die Residenz der Pfalzgrafen. Ein Stadttor hätte es kaum gesichert. Zusätzlich überquerte auch noch eine Brücke einen Stadtgraben, beide sind heute verschwunden. Eine imposante Anlage also, die im 19. Jahrhundert verschwand und kaum Spuren hinterlassen hat. Das ursprüngliche Stadttor war nur der Schlusspunkt dieser Entwicklung.

Historiker halten die Zerstörung des alten Tores für eine große Torheit. Andererseits sind Frevel dieser Art nicht selten und aus der Perspektive der Zeit oft auch nachvollziehbar und verständlich. Weiden hatte noch großes Glück, denn das neue Stadttor von 1911 wurde dem Unteren Tor nachempfunden und bewahrt die Geschlossenheit und das Flair des Marktplatzes. Das Obere Tor würde man heute ein Fake nennen, aber es ist ein gelungenes Fake. Das vielleicht schönste falsche mittelalterliche Stadttor der Welt. Eine große Torheit, es nicht entsprechend zu würdigen.

Adresse Issy-les-Moulineaux-Platz, 92637 Weiden | Pkw A 93, Ausfahrt Weiden-Süd, dann in Richtung Weiden auf der Staatsstraße 2238, dann nach links auf die Dr.-Pfleger-Straße, die zum Issy-les-Moulineaux-Platz führt | Tipp In der Nähe vom Markt befindet sich das Geburtshaus des Komponisten Max Reger.

106 Die Renaissance-Giebel am Marktplatz

Zwischen Mittelalter und Moderne

Weiden wurde im späten Mittelalter gegründet und verdankt seinen Namen wahrscheinlich den umliegenden Viehweiden, wobei allerdings auch die gleichnamigen Bäume in Frage kommen. Ihre Blütezeit, abgesehen von der Gegenwart natürlich, erlebte die Stadt im 15. und 16. Jahrhundert, also in der Epoche der Renaissance, der Wegbereiterin der Moderne. Damals lebten über 2.000 Menschen in der Stadt, in der sich zwei Handelswege kreuzten, die »Magdeburger Straße« und die »Goldene Straße«. Diese Zeit ist es, die den Marktplatz mit seinen Renaissance-Giebeln geprägt hat. Aus ihr stammt auch das große Rathaus, das 1545 vollendet wurde. Es teilt den Marktplatz in den Oberen und den Unteren Markt.

Wie in anderen Städten der Region brachte das auf die Renaissance folgende Barockzeitalter wenig Gutes und vor allem den Dreißigjährigen Krieg (1618–1648). Der Handel kam zum Erliegen, ganze Orte wurden entvölkert, die Städte brannten. Die Überlebenden suchte die Pest heim, und das nicht selten mehrmals. Eine Regeneration und auch ein ökonomischer Wiederaufstieg erfolgten erst im 18. und 19. Jahrhundert. Zerstörungen wurden beseitigt, die Stadt umgebaut, Glas- und Porzellanmanufakturen angesiedelt. Die Modernisierungen erfassten auch das Rathaus, den Marktplatz und die Stadttore.

Der während der Renaissance geprägte Charakter des Marktes blieb aber erhalten und erlebte, wenn man so will, eine Renaissance. Wie damals ist der Markt das konkurrenzlose Zentrum der Stadt. Hier schlägt das Herz, symbolisiert durch die Giebel, die die Zeit überdauert haben. Leichter als die Giebel anderer Epochen arrangieren sie sich mit modernen Fassaden, die Lücken geschlossen haben. Nicht einzelne Häuser machen diesen Marktplatz zu dem, was er ist, es ist das berühmte Ganze, das in Weiden zum Tragen kommt. Nicht ein Haus, nicht das Rathaus, alle Häuser sind das Ziel.

Adresse Issy-les-Moulineaux-Platz, 92637 Weiden | **Pkw** A 93, Ausfahrt Weiden-Süd, dann in Richtung Weiden auf der Staatsstraße 2238, dann nach links auf die Dr.-Pfleger-Straße, die zum Issy-les-Moulineaux-Platz führt | **Tipp** Das Alte Schulhaus, in dem sich das Stadtmuseum befindet.

107 Der Nepal-Himalaya-Pavillon

Shiva und Buddha an der Donau

An der EXPO 2000 in Hannover nahmen 178 Nationen und Organisationen teil. Mit ihren Pavillons und anderen Angeboten versuchten sie, auf ihre Kultur oder ihre Anliegen aufmerksam zu machen. Zu den Pavillons, die auf ein besonders großes Publikumsinteresse stießen, gehörte mit rund 3,5 Millionen Besuchern der des kleinen Himalayastaates Nepal. Nach Angaben der nepalesischen Aussteller waren rund 800 Handwerker am Bau des Pavillons beteiligt.

Doch wohin mit dem für viel Geld nach Deutschland verschifften Pavillon nach der Ausstellung? Ein Rücktransport wäre ebenfalls kostspielig geworden. Außerdem hätte man dann in Nepal auch noch einen Standort finden müssen. So traf es sich gut, dass Unternehmer Heribert Wirth Interesse an dem Pavillon zeigte und ihn kurzerhand kaufte. Er ließ ihn nach dem Ende der EXPO wieder in seine Einzelteile zerlegen und nach Wiesent bringen. In einem ehemaligen Steinbruch oberhalb der Donau ließ Wirth den Pavillon an einer geeigneten Stelle wieder originalgetreu aufbauen. Zu der 2003 fertiggestellten Anlage gehören auch ein Teehaus und ein großer Garten mit über 3.500 Pflanzenarten, von denen viele erst mühsam beschafft werden mussten. Heute gilt er als einer der artenreichsten Gärten Europas. Ein Teich und eine Buddha-Statue ergänzen den Garten.

Keine Frage, der Pavillon samt Park entführt den Besucher in eine andere, in eine zentralasiatische Welt, die in Deutschland ihresgleichen sucht. Das gilt nicht nur für den Pavillon, sondern auch für den Garten, in dem Wildpflanzen aus der Himalayaregion wachsen. 2012 wurde die Anlage um einen Chinagarten mit Skulpturen erweitert.

Der Eintritt in Höhe von acht Euro wandert übrigens nicht in die Tasche von Heribert Wirth, sondern fließt der Stiftung »Wasser für die Welt« zu, die zahlreiche Projekte in der sogenannten Dritten Welt unterstützt, darunter auch in Nepal.

Adresse Martiniplatte, 93109 Wiesent, www.nepal-himalaya-pavillon.de | Pkw A 3, Ausfahrt Wörth an der Donau/Wiesent, dann in Richtung Wiesent auf der Staatsstraße 2146, vor dem Erreichen des Ortes nach links auf den Parkplatz der Anlage fahren | Öffnungszeiten in der Regel Mitte Mai–Ende Sept. jeden 1. Sa im Monat und alle Sa im Aug. 13–18 Uhr, So 13–18 Uhr, Mo 13–17 Uhr | Tipp In Bach an der Donau bei Wiesent befindet sich das BaierWeinMuseum, in dem man alles über das winzige Weinanbaugebiet erfährt.

108 Der Butterfassturm

Fässer dieser Art sind selten

Ein klassisches Butterfass besteht aus dem eigentlichen Fass, einem Deckel und einem Stößel, der oben aus dem Deckel ragt. Kein Wunder also, dass die Baumeister ab dem 14. Jahrhundert einer neuen Bauweise von Wehrtürmen und Bergfrieden diesen Namen gaben. Beim Butterfassturm handelt es sich um einen mächtigen Rundturm, der auf seiner Spitze nicht abgeflacht ist, sondern einen zweiten, kleineren Turm mit geringerem Durchmesser trägt. Einerseits blieb so genug Platz für die Verteidiger auf einem Wehrgang, andererseits ermöglichte der kleine, aufgesetzte Turm eine bessere Sicht auf das Geschehen und das Umland.

Der auffällige Turm der Burg Neuhaus bei Windischeschenbach ist ein solcher Turm, der auch Butterfassturm genannt wird. Während Türme in dieser Bauweise in Hessen oder Thüringen keine Seltenheit darstellen, ist der Neuhauser Butterfassturm schon eine Besonderheit für die Oberpfalz. Noch dazu ist die Burganlage sehr gut erhalten.

Erbaut wurde die Burg Neuhaus als Höhenburg um 1300 von Ulrich I. von Leuchtenberg. Sie diente jedoch nicht der Verteidigung des ritterlichen Besitzes, sondern war als befestigtes Jagdschloss gedacht. Von der Burg ging man auf ausgedehnte Jagdausflüge in die wildreichen Wälder und konnte jederzeit in die befestigte Anlage zurückkehren. Da die Burg keine militärische Funktion hatte und auch strategisch unbedeutend war, entging sie schwedischen Truppen im Dreißigjährigen Krieg und anderen Angreifern. Hinzu kommt das Glück, dass auch Blitze die Burg verschonten. Von 1515 bis 1803 war die Burg im Besitz des Klosters Waldsassen. 1820 erwarb die Gemeinde Neuhaus die Anlage und nutzte sie unter anderem als Schule und Verwaltungsgebäude. Nach aufwendigen Renovierungsarbeiten beherbergt die Burg seit 1985 das Waldnaabtal-Museum. Der markante Butterfassturm ist frei zugänglich und kann, nein, sollte unbedingt bestiegen werden.

Adresse Marktplatz, 92670 Windischeschenbach | **Pkw** A 93, Ausfahrt Windischeschenbach, dann in Richtung Windischeschenbach auf der Staatsstraße 2181, dann nach links in die Schönfichter Straße nach Neuhaus auf den Marktplatz unterhalb der Burg | **Öffnungszeiten** Museum: Ostermontag bis 31. Okt. an So und Feiertagen 14–18 Uhr | **Tipp** Das Kommunbrauhaus in der Hauptstraße 24, aber nur wenn es auch Zoigl gibt.

109_ Das tiefste Loch

Das Kontinentale Tiefenbohrprogramm

Wie sehen die geologischen Bedingungen in 8.000 oder sogar 10.000 Kilometern Tiefe aus? Mit seismischen Messungen und ähnlichen Methoden allein lässt sich diese Frage nicht beantworten. Daher beschlossen das »Niedersächsische Landesamt für Bodenforschung« und das »Bundesministerium für Forschung und Technologie« (BMFT), eine Tiefenbohrung vorzunehmen. Lange Zeit war der Schwarzwald mit im Rennen, dann fiel die Entscheidung zugunsten der Oberpfalz aus. Denn dort, so vermuteten die Geologen, werde die Temperatur in größerer Tiefe etwas langsamer ansteigen.

Nach der Errichtung der noch immer größten Landbohranlage der Welt begannen 1987 die Bohrarbeiten. Zunächst wurden in einer ersten Bohrung 4.000 Meter Tiefe erreicht und die dabei ans Tageslicht gebrachten Bohrkerne untersucht. Dabei stellten die Geologen fest, dass die Temperatur schneller anstieg, als erwartet. Da elektronische Messgeräte zum Einsatz kommen sollten, stand bald fest, dass man allenfalls 10.000 Meter würde erreichen können. Denn bei über 300 Grad Celsius versagen die Sensoren und Geräte.

Im Herbst 1990 begann die zweite Bohrung in einiger Entfernung von der ersten. 1.468 Tage lang fraß sich der Bohrkopf durch das Gestein und erreichte schließlich eine Tiefe von 9.101 Metern. In dieser Tiefe herrscht eine Temperatur von exakt 265 Grad Celsius. Nach verschiedenen Messungen und Versuchen endete das Programm am 31. Dezember 1995. Damit befindet sich bei Windischeschenbach das zweittiefste Loch der Welt. Das tiefste liegt mit 12.262 Metern auf der russischen Halbinsel Kola. Der dortige Bohrturm wurde allerdings abgerissen, während der 83 Meter hohe deutsche Bohrturm für die Öffentlichkeit zugänglich und Teil eines Informationszentrums ist. Die wissenschaftliche Auswertung der Ergebnisse ist noch nicht abgeschlossen, die Anlage wird also weiterhin genutzt. Nur gebohrt wird nicht mehr.

Adresse Am Bohrturm 2, 92670 Windischeschenbach, www.geozentrum-ktb.de | Pkw A 93, Ausfahrt Windischeschenbach, dann in Richtung Windischeschenbach auf der Staatsstraße 2181 an der Stadt vorbei, dann kommt der Bohrturm in Sicht | Öffnungszeiten Mai – Okt. täglich 10 – 18 Uhr, im Winter von 10 – 16 Uhr | Tipp Die Bogenbrücke über die Fichtelnaab an der Bahnlinie Weiden – Oberkotzau.

110_Die Burg Wolfsegg

Die vergessene Schönheit

In der Oberpfalz braucht man nicht nach Burgruinen zu suchen, denn an ihnen herrscht wahrlich kein Mangel. Ihren ruinösen Zustand verdanken sie zumeist den diversen Kriegen, allen voran dem Dreißigjährigen Krieg (1618–1648), der in der Oberpfalz fast überall seine nachhaltigen Spuren hinterlassen hat.

Zu den wenigen vollständig erhaltenen Burgen zählt die Burg Wolfsegg. Ihre Rettung vor marodierenden Söldnern, Hussiten und anderen Feinden verdankt sie nicht ihrer Lage auf einem Felsen. Auch die sagenhafte »Weiße Frau«, die seit dem 15. Jahrhundert in der Burg spuken soll, hat sie nicht vor einer möglichen Zerstörung bewahrt. Vielmehr war es die abgelegene Lage, die Feinde jedweder Provenienz und Couleur immer davon abgehalten hat, Burg Wolfsegg einen Besuch abzustatten.

Erbaut wurde die Burg um 1278 von Wolf von Schönleiten, dessen Vornamen sie aller Wahrscheinlichkeit nach auch ihren Namen zu verdanken hat. Von 1367 bis 1475 war sie im Besitz des Adelsgeschlechts derer von Laaber, zu dem auch Ulrich von Laaber gehört. Seine von ihm höchstpersönlich ermordete Frau, Klara von Helfenstein, soll die bereits erwähnte »Weiße Frau« sein, die keine Ruhe findet. Nach vielen Besitzerwechseln begann im 19. Jahrhundert ein langsamer Verfall, der 1933 von Georg Rauchenberger gestoppt wurde. Er kaufte die Burg und ließ sie restaurieren. Doch erst 1989 waren die Arbeiten abgeschlossen. Seit 1970 kümmert sich das »Kuratorium Burg Wolfsegg e. V.« um den Erhalt der Anlage.

Die auch heute noch abgelegene Burg wird für verschiedene Veranstaltungen genutzt, etwa für Mittelalterfeste oder als Kulisse für Theateraufführungen. Wem die Rolle als Burgfräulein oder Prinz liegt, der kann auch die Möglichkeit nutzen und auf der Burg heiraten. Die Tropfsteinhöhle unter der Burg ist leider nicht zugänglich, doch die Anlage als solche entschädigt allemal für diesen kleinen Wermutstropfen.

Adresse Burggasse, 93195 Wolfsegg, www.burg-wolfsegg.de | Pkw A3, Ausfahrt Beratzhausen, dann in Richtung Kallmünz auf der Staatsstraße 2141, vor Kallmünz nach rechts in die Staatsstraße 2165 fahren und bei Heitzenhofen nach links in die Heitzenhofener Straße abbiegen, die nach Wolfsegg führt | Öffnungszeiten Sommer an So und Feiertagen | Tipp Im Kapellenweg 3 befindet sich die ehemalige Burgkapelle St. Laurentius.

111 Der Totentanz von Wondreb

Vanitas und Memento mori

Die Friedhofskapelle der kleinen Ortschaft Wondreb, die ganze 400 Einwohner zählt, hat Außergewöhnliches zu bieten. Zwar wurde die Kapelle im Zeitalter des Barock errichtet, wahrscheinlich um 1669, doch ist sie nicht prunkbeladen wie etwa die Stiftsbasilika von Waldsassen. Ein Blick an die Decke der Kapelle reicht aus, um eine ganz andere Facette des Barock wahrzunehmen. In der Oberpfalz tobte der Dreißigjährige Krieg (1618–1648), der vielen Bürgern das Leben kostete. Ganze Ortschaften wurden dem Erdboden gleichgemacht. Dann wütete auch noch die Pest und rief immer wieder die Endlichkeit des Lebens ins Bewusstsein.

Die Erbauer der Kapelle reagierten auf die Heimsuchungen ihrer Zeit mit 28 Bildern, die die Decke schmücken. Sie zeigen Szenen, in denen sich Menschen und Skelette begegnen, in denen sich das Leben und der Tod gegenüberstehen. Der Tod bittet hier und da zum Tanz, um seine Macht zu demonstrieren und zu zelebrieren.

Totentänze kamen bereits im 15. Jahrhundert auf und rückten die Bedeutung des Lebens in den Fokus der Menschen. Die allegorischen Darstellungen sollten zugleich vor der Pest und anderen Katastrophen schützen. Historiker nehmen an, dass auch dem Totentanz von Wondreb diese Aufgabe zugedacht war. Des Weiteren wird vermutet, dass Frater Cornelius von Bosche, ein Mönch aus dem Kloster Waldsassen, die 28 Bilder um 1715 gemalt haben könnte. Die Bilder sind mit Bibelzitaten versehen, die auf die Sterblichkeit und das Jüngste Gericht hinweisen. Allgegenwärtig sind die drei wichtigen Motive des Barock: Vanitas (Vergänglichkeit), Carpe diem (Nutze den Tag) und Memento mori (Gedenke dem Tod).

Auch heute verfehlen die schwarz-weißen Bilder ihre Wirkung nicht, selbst wenn man nicht katholisch ist. Die enge Verkettung von Leben und Tod gilt schließlich für alle Menschen.

Adresse Kirchstraße, 95643 Wondreb | **Pkw** A 93, Ausfahrt Windischeschenbach, dann in Richtung Tirschenreuth auf der B 15 nach Tirschenreuth, dort nach links in die Äußere Regensburger Straße, dann nach rechts auf die Staatsstraße 2167, anschließend nach links auf die Staatsstraße 2174, die nach Wondreb führt, dort nach links in die Kirchstraße | **Öffnungszeiten** Die Kirche ist nicht immer geöffnet, die Pfarrei ist aber in der Nähe. | **Tipp** Der Klettnersturm in Tirschenreuth ist der einzige noch erhaltene Turm der mittelalterlichen Stadtbefestigung.

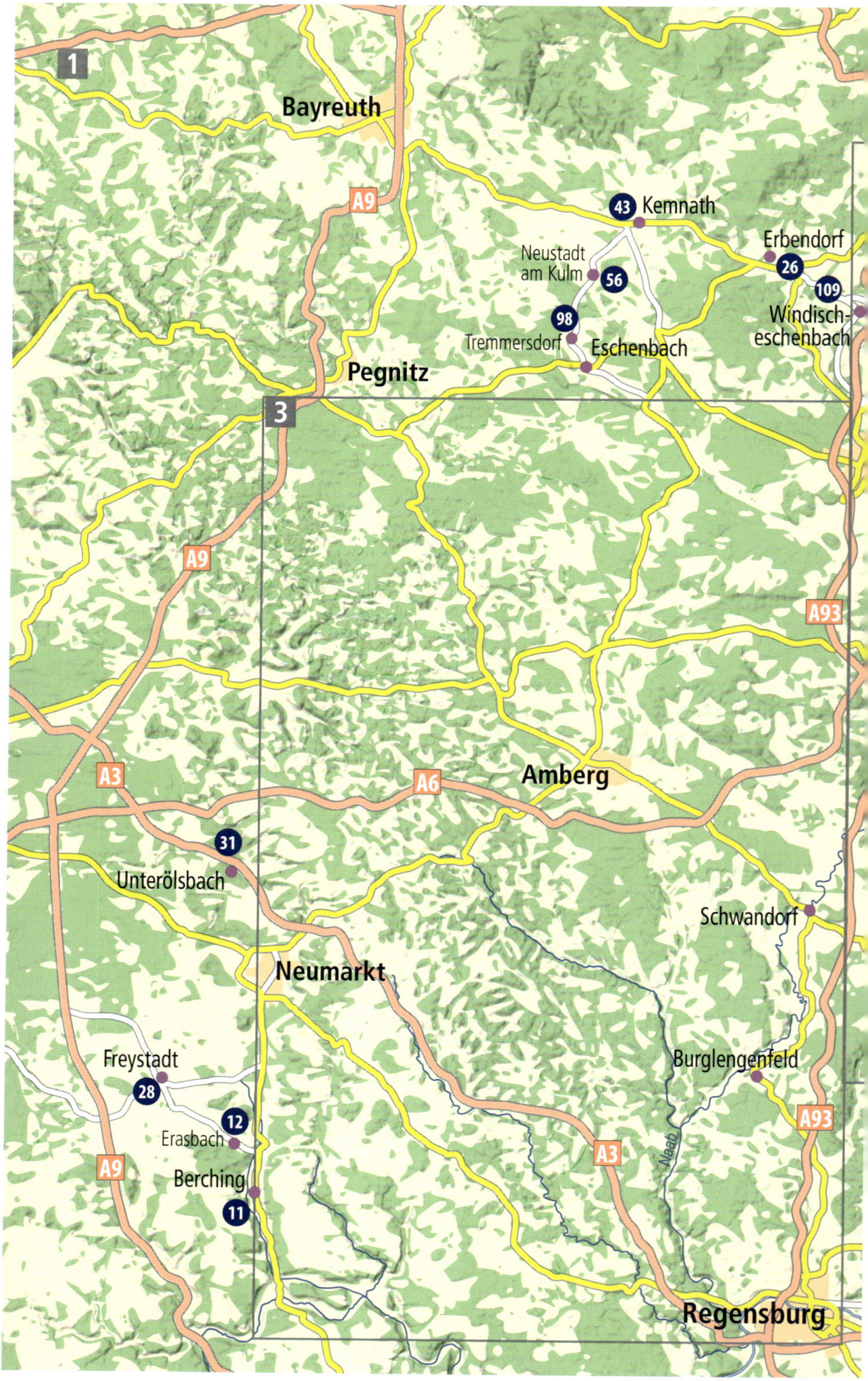

1
Bayreuth
A9
43
Kemnath
Erbendorf
Neustadt
am Kulm
56
26
109
98
Windisch-
eschenbach
Tremmersdorf
Eschenbach
Pegnitz
3
A9
A93
A3
A6
Amberg
31
Unterölsbach
Schwandorf
Neumarkt
Freystadt
Burglengenfeld
28
12
A93
Erasbach
A3
Naab
A9
Berching
11
Regensburg

Waldsassen
104
A93
2
4
TSCHECHIEN
Weiden
A6
DEUTSCHLAND
Cham
Grafenwiesen
32
Lambach
44
46
Bad Kötzting
Lohberg
9
N
0
8 km
Kartographie: www.altancicek.de
Donaustauf
22
23
Donau
Wiesent
107
A3
89

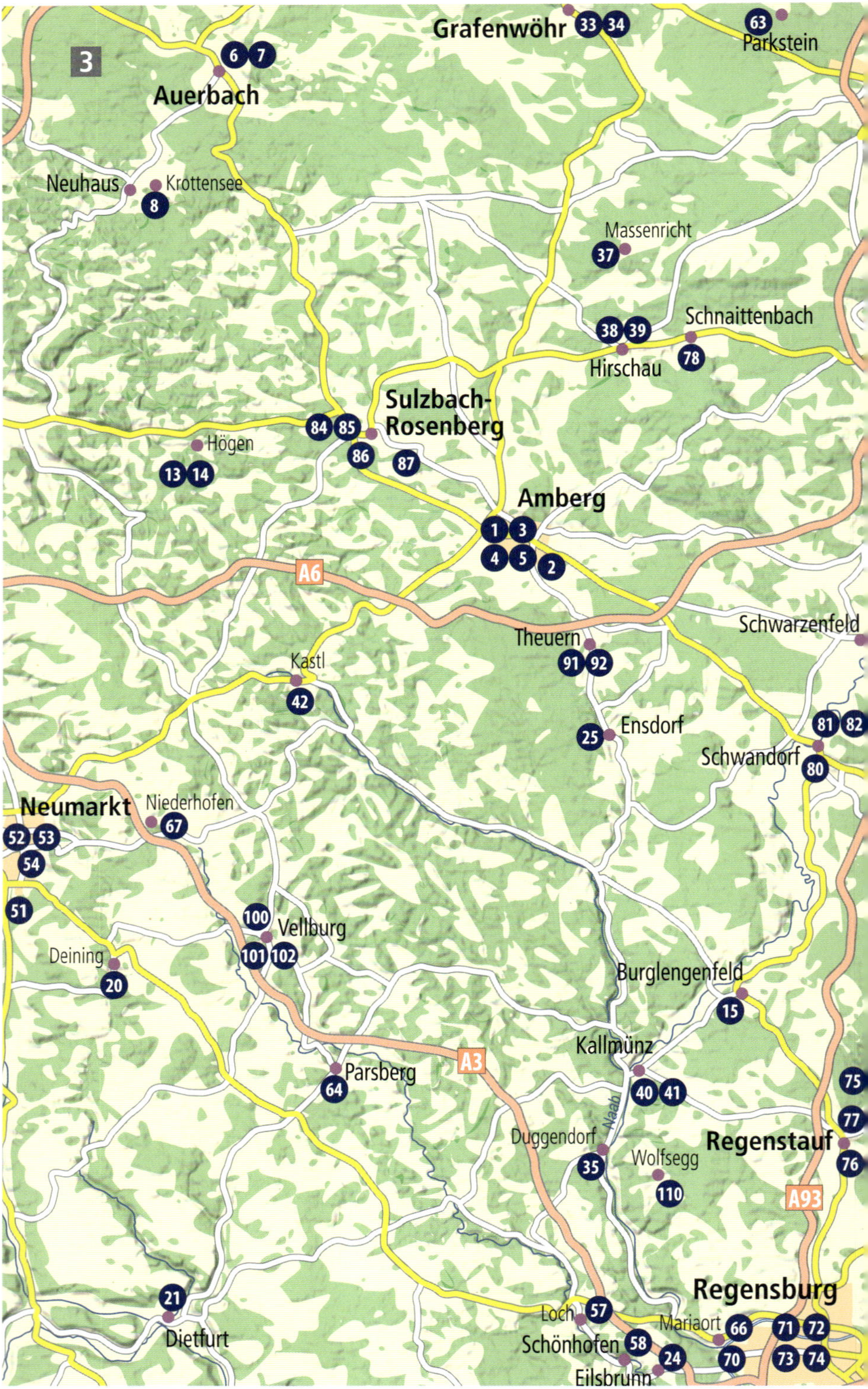
3
Grafenwöhr
33 34
63
Parkstein
6 7
Auerbach
Neuhaus
Krottensee
8
Massenricht
37
38 39
Schnaittenbach
Hirschau
78
Sulzbach-
Rosenberg
84 85
86
87
Högen
13 14
Amberg
1 3
4 5
2
A6
Schwarzenfeld
Theuern
91 92
Kastl
42
Ensdorf
25
81 82
Schwandorf
80
Neumarkt
Niederhofen
67
52 53
54
51
100
Vellburg
101 102
Deining
20
Burglengenfeld
15
Kallmünz
A3
Parsberg
64
40 41
75
77
Naab
Duggendorf
Regenstauf
35
Wolfsegg
76
110
A93
Regensburg
21
Dietfurt
Loch
57
Mariaort
66
71 72
Schönhofen
58
24
70
73 74
Eilsbrunn

4
N
0
5 km
Kartographie: www.altancicek.de
Wondreb
111
96
Tirschenreuth
Großkonreuth
A93
Falkenberg
95
97
27
Windischeschenbach
50
108
Bärnau
10
TSCHECHIEN
Flossenbürg
36
Neuenhammer
Weiden
05
06
69
Pleystein
68
Vohenstrauß
A6
Leuchtenberg
45
93
Thomasgschieß
Tännesberg
88
79
Schönsee
A93
59
60
47
Nabburg
Oberviechtach
48
49
61
62
Tiefenbach
94
Pertolzhofen
65
Uckersdorf
99
Kulz
90
Schwarzach
Traunricht
83
Waldmünchen
103
Neunburg vorm Wald
55
29
Furth im Wald
30
DEUTSCHLAND
16
17
18
19
Cham

Rüdiger Liedtke
111 Orte auf Mallorca, die man gesehen haben muss
ISBN 978-3-89705-975-7

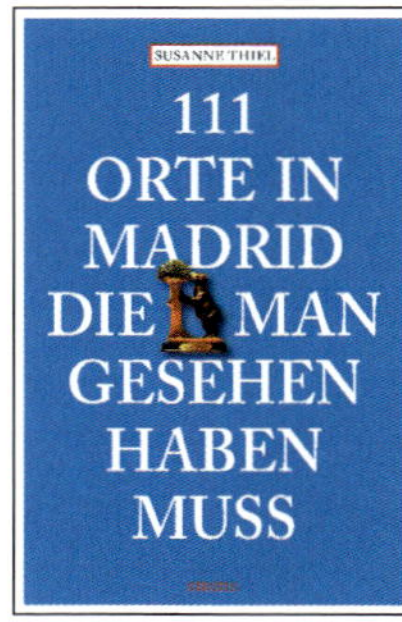

Susanne Thiel
111 Orte in Madrid, die man gesehen haben muss
ISBN 978-3-95451-118-1

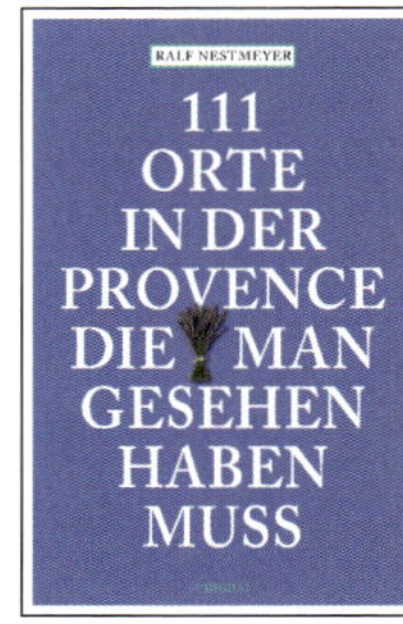

Ralf Nestmeyer
111 Orte in der Provence, die man gesehen haben muss
ISBN 978-3-95451-094-8

Peter Eickhoff
111 Orte in Wien, die man gesehen haben muss
ISBN 978-3-89705-969-6

Stefan Spath
111 Orte in Salzburg, die man gesehen haben muss
ISBN 978-3-95451-114-3

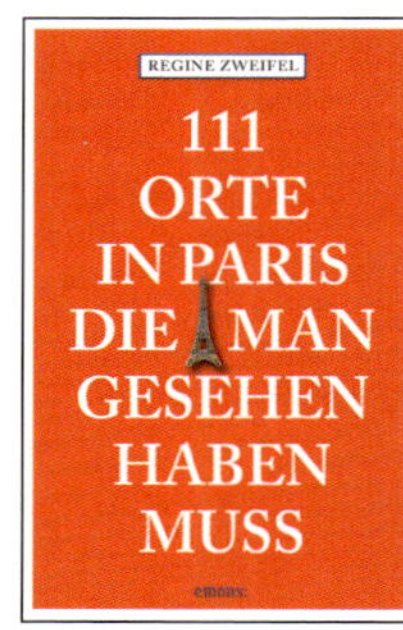

Regine Zweifel
111 Orte in Paris, die man gesehen haben muss
ISBN 978-3-89705-823-1

Dirk Engelhardt
111 in Barcelona, die man gesehen haben muss
ISBN 978-3-95451-066-5

John Sykes
111 Orte in London, die man gesehen haben muss
ISBN 978-3-95451-117-4

Annett Klingner
111 Orte in Rom, die man gesehen haben muss
ISBN 978-3-95451-219-5

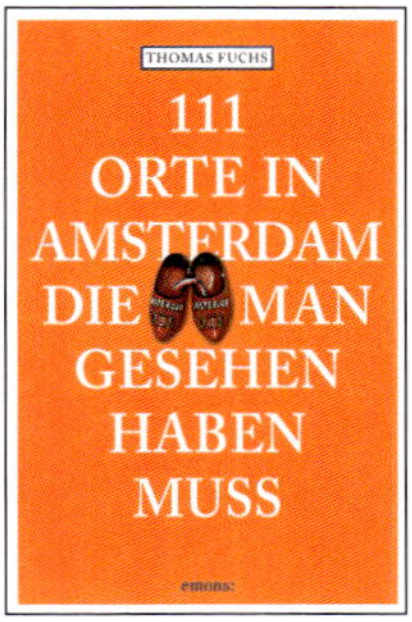

Thomas Fuchs
111 Orte in Amsterdam, die man gesehen haben muss
ISBN 978-3-95451-209-6

Stefan Spath, Gerald Polzer
111 Orte im Salzkammergut, die man gesehen haben muss
ISBN 978-3-95451-231-7

Christiane Bröcker, Babette Schröcer
111 Orte in Stockholm, die man gesehen haben muss
ISBN 978-3-95451-203-4

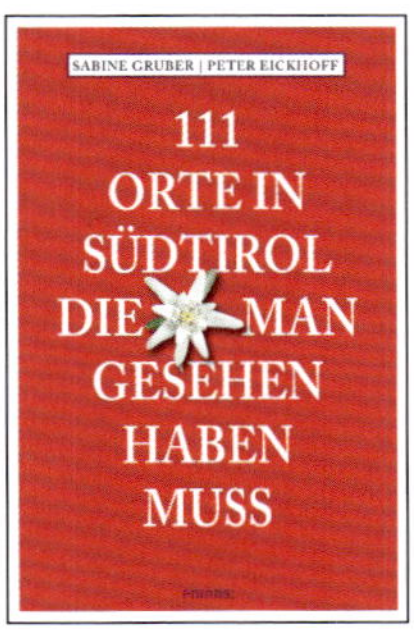

Sabine Gruber, Peter Eickhoff
111 Orte in Südtirol, die man gesehen haben muss
ISBN 978-3-95451-318-5

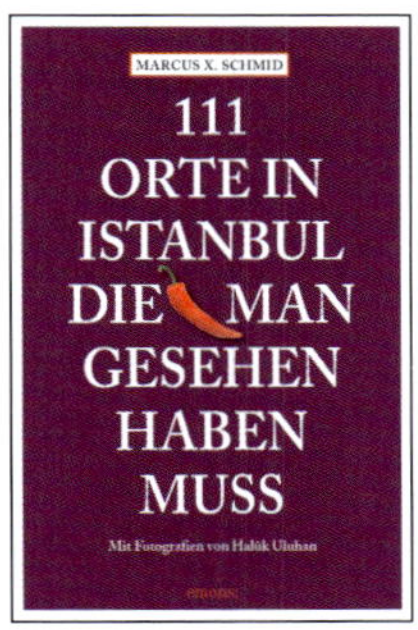

Marcus X. Schmid
111 Orte in Istanbul, die man gesehen haben muss
ISBN 978-3-95451-333-8

Alexander Barth
111 Orte in Aachen und der Euregio, die man gesehen haben muss
ISBN 978-3-89705-931-3

Lucia Jay von Seldeneck, Carolin Huder, Verena Eidel
111 Orte in Berlin, die man gesehen haben muss
ISBN 978-3-89705-853-8

Peter Eickhoff
111 Düsseldorfer Orte, die man gesehen haben muss
ISBN 978-3-89705-699-2

Bernd Imgrund
111 Kölner Orte, die man gesehen haben muss
Band 1
ISBN 978-3-89705-618-3

Daniela Bianca Gierok
und Ralf H. Dorweiler
111 Orte im Schwarzwald, die man gesehen haben muss
ISBN 978-3-89705-950-4

Barbara Goerlich
111 Orte auf der Schwäbischen Alb, die man gesehen haben muss
ISBN 978-3-89705-948-1

Lucia Jay von Seldeneck,
Carolin Huder, Verena Eidel
111 Orte in Berlin, die Geschichte erzählen
ISBN 978-3-95451-039-9

Stefanie Jung
111 Orte in Mainz, die man gesehen haben muss
ISBN 978-3-95451-041-2

Gabriele Kalmbach
111 Orte in Stuttgart, die man gesehen haben muss
ISBN 978-3-95451-004-7

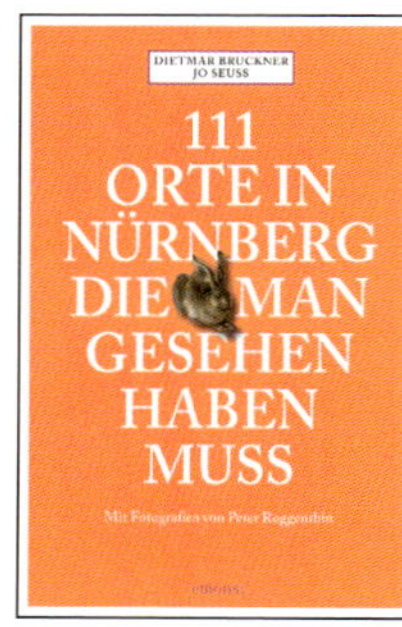

Dietmar Bruckner, Jo Seuß
111 Orte in Nürnberg, die man gesehen haben muss
ISBN 978-3-95451-042-9

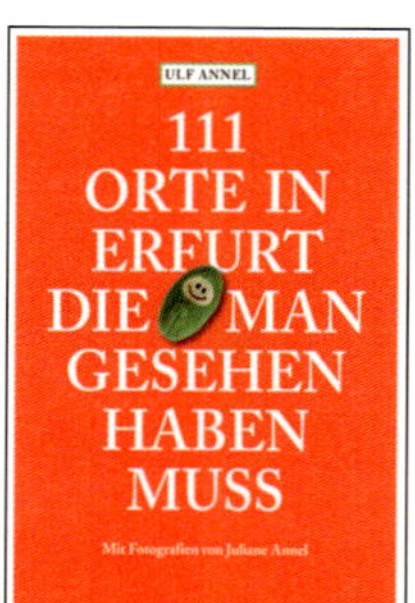

Ulf Annel
111 Orte in Erfurt, die man gesehen haben muss
ISBN 978-3-95451-022-1

Oliver Schröter
111 Orte in Sachsen, die man gesehen haben muss
ISBN 978-3-95451-021-4

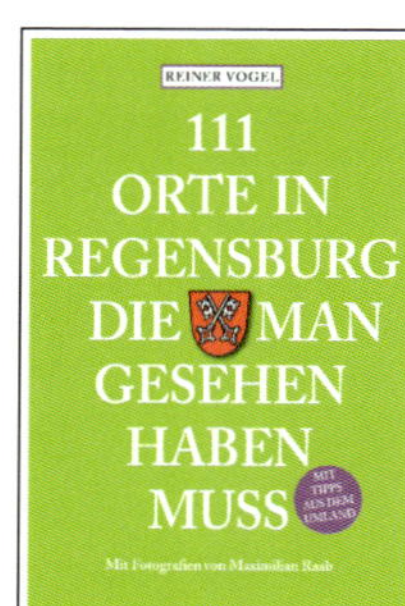

Reiner Vogel
111 Orte in Regensburg, die man gesehen haben muss
ISBN 978-3-95451-054-2

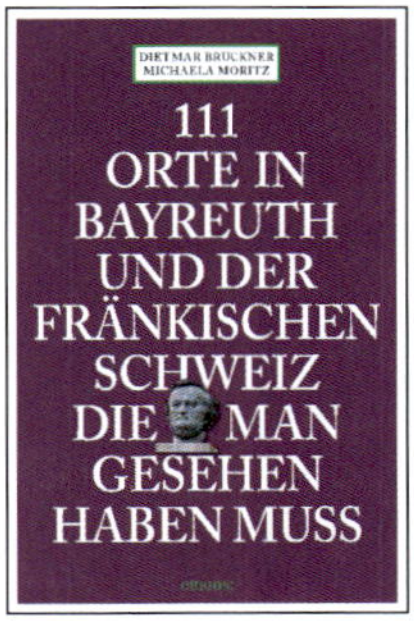

Dietmar Bruckner und
Michaela Moritz
111 Orte in Bayreuth und der Fränkischen Schweiz, die man gesehen haben muss
ISBN 978-3-95451-130-3

Christina Kuhn und
Christian Löhden
111 Orte in der Pfalz, die man gesehen haben muss
ISBN 978-3-95451-085-6

Monika Salchert
111 Museen in NRW, die man gesehen haben muss
ISBN 978-3-95451-107-5

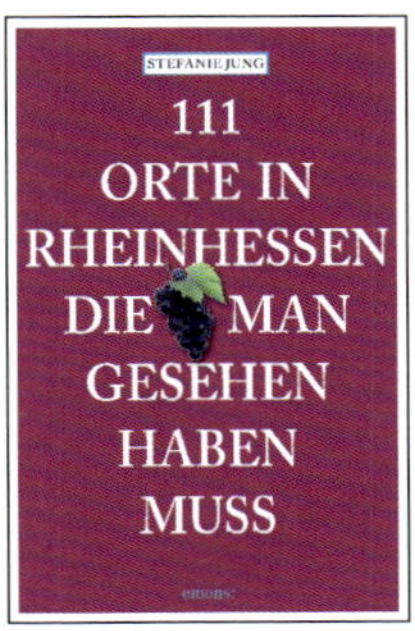

Stefanie Jung
111 Orte in Rheinhessen, die man gesehen haben muss
ISBN 978-3-95451-082-5

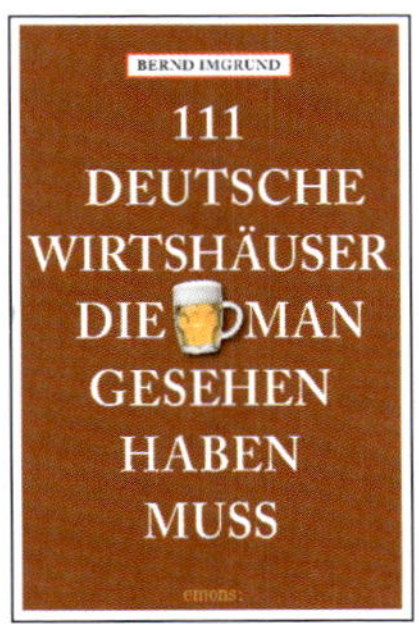

Bernd Imgrund
111 deutsche Wirtshäuser, die man gesehen haben muss
ISBN 978-3-95451-080-1

Cornelia Kuhnert
111 Orte in Hannover, die man gesehen haben muss
ISBN 978-3-95451-086-3

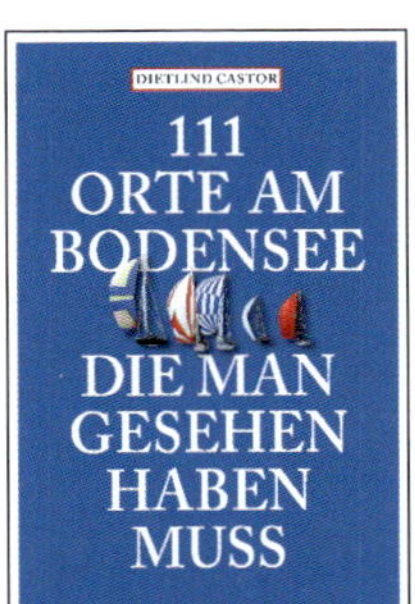

Dietlind Castor
111 Orte am Bodensee, die man gesehen haben muss
ISBN 978-3-95451-063-4

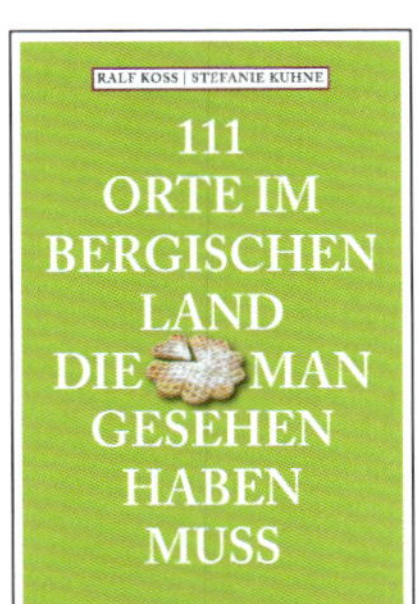

Ralf Koss und Stefanie Kuhne
111 Orte im Bergischen Land, die man gesehen haben muss
ISBN 978-3-95451-027-6

Bernd Imgrund
111 Orte in der Eifel, die man gesehen haben muss
ISBN 978-3-95451-003-0

Der Autor

Bernd Flessner, geboren 1957 in Göttingen, arbeitet als Zukunftsforscher. Als Kultur- und Wissenschaftsjournalist schreibt er u. a. für die Neue Zürcher Zeitung, Nürnberger Nachrichten, mare – Die Zeitschrift für Meere, Kultur & Technik, das Ostfriesland Magazin und den Bayrischen Rundfunk. Außerdem veröffentlichte er mehr als 40 Bücher. Die Oberpfalz ist sein persönliches Naherholungsgebiet, und da die Gegend viel zu bieten hat, lohnen sich die kleinen Expeditionen immer wieder aufs Neue.